书信的力量

"百草"校长的99封教育书信

SHUXIN DE LILIANG

"BAICAO" XIAOZHANG DE 99 FENG JIAOYU SHUXIN

周国平 / 著

ZHEJIANG UNIVERSITY PRESS
浙江大学出版社

图书在版编目（CIP）数据

书信的力量："百草"校长的99封教育书信 / 周国
平著. — 杭州：浙江大学出版社，2021.4（2024.6重印）
　　ISBN 978-7-308-21223-6

　　Ⅰ．①书… Ⅱ．①周… Ⅲ．①教育－文集 Ⅳ.
①G4-53

　　中国版本图书馆CIP数据核字(2021)第055571号

书信的力量："百草"校长的99封教育书信

周国平　著

责任编辑　吴美红
责任校对　蔡圆圆
装帧设计　林智广告
出版发行　浙江大学出版社
　　　　　　（杭州市天目山路148号　　邮政编码　310007）
　　　　　　（网址：http://www.zjupress.com）
排　　版　杭州林智广告有限公司
印　　刷　广东虎彩云印刷有限公司绍兴分公司
开　　本　710mm×1000mm　1/16
印　　张　14.75
字　　数　233千
版 印 次　2021年4月第1版　2024年6月第3次印刷
书　　号　ISBN 978-7-308-21223-6
定　　价　58.00元

浙江大学出版社市场运营中心联系方式：0571-88925591；http://zjdxcbs.tmall.com

序

用心润百草，百花自在开

认识周国平校长数年了，最初是在"1+1教育网"上，偶然看到他写给老师的信，结尾的署名引起了我的注意："周国平"，难道是著名学者周国平？我可是读了他很多本书呢。翻阅其他的文章才发现，此周非彼周。这是一位浙江温州的小学校长，他的文字很朴素、简单，但能明显感觉到这是一位勤于学习、善于思考的校长。

真正见到周校长是在明霞教师成长联盟的一次论坛上。自从成立了明霞教师成长联盟，老师们每学期组织一次高峰论坛，不仅吸引了联盟成员积极参加，也引起了盟外众多同行的关注。由于本联盟是纯民间自发形成的教师成长共同体，受条件限制，活动并没有对外开放。一次即将举行联盟论坛时，济南的侯登强校长给我电话，说结识一位温州的小学校长，非常爱学习，也非常关心老师的成长，看到联盟老师的学习状态非常羡慕，特别希望能参加联盟的活动，和大家学习交流。侯校长既是联盟核心成员，自身又非常优秀，这一要求必须满足。于是，在那次联盟活动中，就真正认识了温暖、朴实、好学的周校长。由于忙着活动的组织，当时并没有深入交流，对他的学校和老师了解得也不多。但从那以后，我开始关注他的博客，时常去阅读他的文字。在他的文字中，最让我感动的是他写给老师的信，不是偶尔为之，而是从2016年1月开始坚持到现在，每周一信，甚至二信、三信！这是一位细心的校长，善于发现校园中的一切美好，并把美好通过书信传递给老师们。这是一位有智慧的校长，没有对老师居高临下地教导，没有用刚性冰冷的制度要求老师，而是通过一件件发生在身边的真实故事引导老师关怀、帮助学生。他用教育家和名师的教育故事，告诉老师们如何对待犯了错误的学生；用自己的身体力行告诉老师们如何发现学生的优点，激励学生不断向前。他的文字，让人感受到的是真诚，是爱心，是责任。有这样的校长，我相信，他们的老师是幸福的，学生是幸福的，学校，也一定是很美丽的。

2019年夏末，借去温州参加活动的机会联系周校长，希望能到他的学校看一看，看一看这所散发着人性光芒的学校长什么样。周校长愉快地答应了我的要求，带我到了他所在的学校——瑞安桐浦小学。过去，我一直以为这是一所现代化的城市小学，拥有现代化的校舍和塑胶操场，走近了才知道竟然是一所山村小学。但我不仅没有失望，反而是被惊艳到了——小小的校园干净整洁，有着家一般的温馨，老师们脸上洋溢着热情与阳光。绕过教学楼，在校园一侧拾级而上的那道侧门才是学校最别致的风景：爬山虎肆意攀爬生长的墙上，"百草园"三个字古朴、典雅，还透着一丝神秘。门外是什么？这激起了我强烈的好奇心，我决定推开栅栏门一探究竟。门外还真是别有洞天，宛如隐藏在校园内的后花园，一棵自然生长、高大挺拔的朴树浓荫密布，让炎热的夏天变得清凉。周校长自豪地介绍，这是校园十景之一，树非栽种，而是随风飘落的种子自由发芽，长了将近30年，长着长着就长出了学校的文化：独立、自由，预示着孩子们的生命，如同这棵朴树的种子，从环境中汲取营养，自由生长，终会成为参天大树。走过被朴树庇护的小路，跃入眼帘的是天然的小山坡，被桐小的老师们整理成了真正的"百草园"，错落有致的设计，弯弯的小路，一池一洼的花花草草，让我这个教了近40年生物课的老师艳羡不已，恨不得我是这所学校的老师，可以随时带着学生们出来上课。但这些花花草草可不是普通的花草，都是适合本地生长的药材。这是板蓝根，那是金银花，一棵棵、一丛丛，周校长就像介绍自己的珍宝一样介绍着这些药材，有不少连我这个"生物老师"都不认识，实在汗颜。听周校长介绍，这片百草园是前任校长借助学校的地理优势开垦出来的，山上本就有许多野生草药，利用山坡种草药，就成了桐小的特色课程。他当了桐小的校长后，非常珍惜老校长留下的这笔财富，和老师们继续建设百草园，自己动手捡来石头，自己施工，铺成了百草园中通幽的曲径，并且开发出内容更加丰富、活动形式更加多样的校本实践课程，没有种子和树苗，就自己采集、培育，孩子们参与其中，乐在其中，让百草园真正成为孩子们的乐园。结合百草园的种植，校内还利用一间旧屋做成了一间百草博物馆——百草堂，各种草药的标本以及瓶瓶罐罐的草药摆满了架子，并对中国传统中草药文化进行了多方位介绍，让这个百草堂变得更加丰富而厚重了。

走在美丽的百草园中，除了听他介绍花草，更多的还是谈教师，谈学生，谈教育。"为什么想起给老师写信？"这是我一直疑惑的问题。交流中得知，桐小虽然办学时间并不短，但由于地处乡镇，办学条件有限，随着进城务工、外出打工人员增多，学生问题越来越多，教师队伍不稳定，学校管理也困难重重。作为刚上任的年轻校长，如何管理好学校、发展学校？教师是学校发展的核心力量，发展教师是头等大事，但教师的读书状况堪忧，发展意识不强，单凭开会提要求、立制度去规范，效果并不好，若走不进老师心里，一切皆是零。有些话不好当面说，有些事很难一两句话说清楚，那就写信吧。虽然现在有了现代化的信息沟通渠道，但静下心来写信，用最真诚的心，用最真挚的爱，把想对老师说的话写下来，不失为一种好办法。一封，两封，三封……一年，两年，三年……写着写着，关系和谐了；写着写着，教育的思路清晰了；写着写着，校长的管理能力提高了，教师的教育教学能力增强了，学生也变了……我突然想到，周校长那么用心地坚持给老师们写信，一写就是四五年，不只是给老师写，还经常给学生写，给家长写，就像一个知心朋友那样，看到你的笑、你的苦、你的泪、你的惑，然后设身处地地分析，给出建议，没有说教，没有命令，没有口号，而是随时分享老师们的喜悦、分担老师们的烦恼。他善于学习，将自己读过的好书推荐给大家，将自己的思考分享给每个人，甚至有时像一个母亲一样絮絮叨叨。正是这样的真诚和用心，给了老师和学生最温暖的陪伴和最好的呵护，如同呵护"百草园"一样，呵护着每一个生命的成长，为老师和学生营造出一个独立、自由成长的空间，这是多了不起的校长！

看到周校长汇总整理的99封信，再次走进字里行间，如同又一次坐在他的对面，品着茶香，听他絮叨，理性又温暖，感性又智慧，仿佛看到那个令人迷恋的百草园，每一个生命都在自由地、旺盛地生长着。

孙明霞（正高级教师，山东省教学能手，明霞教师成长联盟发起人）

2020 年 11 月 15 日

自序

我为什么要出书

自从参加了张文质和谢云老师发起的"教育行走"之后，出书的念头开始在我心里蠢蠢欲动。随着写作的数量越来越多，我心里偶尔也会默默地想着，哪天要是能出本书也不错！

当校长五年，我开启了全新的写作方式——给教师写信。共性问题，一周一封全体公开信；个性问题，点对点私信。不知不觉间就写了几百封这样的书信。2018年2月，《温州日报》等多家媒体对我写信的事，予以大篇幅的报道，我瞬间成了区域性的网红校长。

确实，写信这件事情在我当校长的过程中，起到了非常重要的作用。它有利于我与老师们之间关系的建立，有利于我宣传自己的教育理念，还有利于我推动教师的阅读和写作。近五年的教育书信，可谓见证了我这五年的办学经历，也见证了我对教育的逐渐深入理解，更见证了我与老师们的共同成长。

2019年12月，经过几轮的过关斩将，我终于入选了马云乡村校长计划。从马云先生手中接到了"新乡村教育家"的奖杯，也接到了马云先生给予的个人奖励。这是一件多么开心的事情，应该要好好庆祝才是。

可是，如何庆祝是颇费脑筋的事情。还在三亚期间，就已经开始筹划这个事情。回到学校的第一天，我们就召开了教师会，为老师定制了一款具有纪念意义的钢笔，一起分享了一个大蛋糕。这也算是颇有仪式感的分享活动，老师们也与我一起分享了这份自豪与惊喜。

请客吃饭实在是中国人最喜欢的庆祝方式，但这也是最麻烦的事情。请谁、到哪里吃、吃什么，都是非常考验人的事情，对我来说，这比获奖本身要难得多。

有没有更好的庆祝方式呢？以什么样的方式与大家分享更为有意义呢？

我想到了之前写的信，把这些信进行整理后出版成书，或许是一个不错的选择。与几位朋友商量了一下，都觉得我这个想法挺好。于是，立马行动起来联系出版这本具有纪念价值的书。

希望本书与诸位朋友有缘分享，共同期待教育的美好改变。

周国平

2020 年 11 月

目 录

第一辑　教育理念有人

第三辑　教师成长有门

第四辑　教师授业有道

第一辑

教育理念有人

人与动物之间的区别在于人有思想。

什么样的思想决定什么样的行为。老师这个群体，拥有什么样的思想是很重要的。可惜的是，在庞大的教师队伍中，很多人并没有思想。他们的行为看起来就像是一台流水线上的机器，天天敲打着自己的螺丝钉。

我们一定要首先把学生当成"人"来看，心里要有"人"。不论在何时，在做什么，都是如此。不要被分数、被面子所迷惑。

在年货中加一本书

亲爱的老师们：

你们好！

新的一年已经向我们走来，寒假已至。天渐渐变冷，我们也似乎越来越渴望明天早点到来。因为从明天开始，我们就可以等阳光洒满我们整个房间，才慢慢地从被窝里钻出来。这是我们向往已久的幸福生活——睡觉睡到自然醒。

半年前，我有幸与大家相遇，与大家成为同事。所谓"同事"，就是做着共同事情的人。是的，这半年，我们共同做了许多相同的事。人和人的相处，往往就是在共同做事的过程中，慢慢相识、相知，甚至是相爱。我的 QQ 空间名称是"懂得享受"，个人简介是"不用多说，相处久了就知道了"。

我始终在想，我能为这所学校做点什么，能为老师们做点什么，能为这里的孩子们做点什么？

还是带领老师和孩子们做阅读吧！从之前我任教过的两所学校的经验来看，阅读能让老师和孩子持续成长。虽然离开了那两所学校，但是，偶尔还能收到老同事向我咨询购书的信息。前不久，碧山的叶建芳老师对我说："幸亏在我女儿晨曦出生之前，我们有了这样一个书社，要不，我至今也不会知道什么叫作绘本。"

我认为读书是一个最经济、最长效的培养人的方法。上个学期，我们开始了批注阅读、导读引领、读后分享、名家名师讲座等一系列阅读活动，同时还开始了《教师成长简报》的制作。在学生方面，我们建立走廊杂志书架，引进了温州市少年儿童图书馆爱心书屋项目，为每个班级配备了适合学生的课外读物。作为校长，我经常用手机拍摄最美读书人，发至群里让老师认领表扬，以此来推动孩子们的阅读。

大家都知道每一个人都有着一种强烈的惰性，这种惰性会让我们找到不做事的一切理由。现在碧山的一些老师对我说，你在时很讨厌，你调走了很可惜。上次的调查表中，我设置了这样一个题目：您认为教师的成长是逼出来的精彩吗？尽管有些人不赞同这个理念，很多人都认为教师一定要自己喜欢做的，才可以做得更好。逼着读、逼着写，是没有用的。真是这样吗？

换过来思考，如果我们都不做阅读的推广，会有人去读书吗？我不知道，也许是有人在读书的。有人说，兴趣是第一老师。但是也有人说，没有兴趣是因为你不会，要是会了，你就会感兴趣。我觉得挺有道理，凡职业都是有趣味的，只要你肯继续做下去，趣味自然会产生。巴金先生说："写吧，只有写，才会写。"当然，读书更是如此。

亲爱的老师们，不管是你们还是你们的子女，如果不会阅读，一定要想方设法，让自己和孩子喜欢上阅读。至于阅读的重要性，大家也都知道。世界上有一个最远的距离，那就是从知道到做到的距离。

年关将近，给每位老师送上一份年货——购书券，我真心希望大家买上喜欢的书，在寒冷的假期里，用阅读来温暖自己的心房。身为教书先生，我们应该有教书先生的气质。当大家都在"送礼就送脑白金"的时候，我们应该有所不同。如果大家在走亲串门的时候，也能给亲戚朋友的孩子送送书，那不仅体现了您对孩子的关爱，更体现了您作为人民教师的气质。

亲爱的老师们，阅读是一件非常美好的事，让我们共同去做一回"花婆婆"，为自己所在的世界，撒上美的种子。

祝大家新年快乐！

与大家同行之人　周国平

2016 年 1 月 20 日

要有内容

亲爱的老师们：

大家好！

上周的一个下午，我到一所学校，看见了一种现象，让我更为乡村教育担忧。

上课铃声响了好一会儿，可是不管是教室内还是操场上，都还有学生跑闹的现象。起初，我以为是还没正式上课，结果一整堂课都是如此。还有许多学校都存在学生心中的"自由课"。看到这样的现象，我总是在想，如果我们的孩子放在这样的学校里读书，我们会放心吗？

做人将心比心，方能为他人着想。我们要站在家长的立场，更要站在学生的立场，我们要想想：孩子都是会长大的，将来的某一天，当学生再遇到我们，说起当年的那些"自由课"，我们将如何回答。

过去，我从来没有这样去想，如今，我真的越想越害怕。我曾经带过一个谁都不愿意带的班，接了这个班，我也是一边抱怨一边应付。可如今，我最害怕的就是见到这个班的孩子，因为我觉得我愧对他们。

写这封信，我想告诉大家，我们的每一节课都要有内容。从老师的层面来讲，如果一堂课，你没有安排好相应的内容，痛苦的还是你自己。因为在这堂课里，你要不停地去看手机，看看离下课还有多少时间；因为在这堂课里，你毫无价值感，你会觉得很沮丧，你会很没有成就感。

我听了何小泉老师的一节体育课，深深体会到了这一点。他虽然是借班上课，但是与孩子们配合得不错。这个班级的孩子表现得非常好，非常有秩序，非常快乐。为什么会这样呢？我总结了几点，其中一点就是有内容。整节课，始终围绕单脚跳和双脚落地的内容来实施教学。一节课下来，学生很有收获，老师很轻松、很快乐，不需要看手机，甚至觉得时间不够。

学校里安排代课，尤其是安排老师代别人班的课，往往是不被喜欢的。许多老师是这么想的：代自己班的课还好，可以完成自己的教学内容，可是别的班级，能上什么呢？是的，要去代别的班级的课，没有内容，课堂纪律会很差，那真是很难受。我的做法是：寻找一部好的短片，或者和同学们一起读书，或者给孩子们做一个演讲，或者让孩子们做一些游戏……

还记得我自己上小学时，我特别喜欢有体育课的那天下雨。因为只要下雨，体育课就不能到户外上，体育老师就会给我们讲故事，我们每一个学生都特别喜欢听他讲故事。在这样的体育课上，我们常常笑得人仰马翻，抱着肚子蹲在地上笑。有一些故事，我至今都还记得，我也时常把这种欢乐带给我的学生。

不管是我的做法，还是我的小学体育老师的做法都是非常简单的。只要老师们想上，都是特别容易操作的。更重要的是，给了孩子们不一样的课堂体验。其实，每一个老师都有自己的特长，如果在课堂上，能够发挥这些特长，对于孩子的成长就又多了一种可能性。一次，周翔老师代小泉老师的体育课，他就带着孩子们到操场上踢毽子。我路过看见，也踢了几下，发现孩子们兴致盎然。

老师们，不管什么学科，一定要让自己的课有内容。

孩子们都会长大的，希望他们长大后与我们在路上相遇，作为老师的你们不需要像我一样害怕与内疚。

祝大家愉快过一周！

与大家同行之人　周国平

2016 年 5 月 23 日

别让中高考的考前岁月提早来到小学校园

亲爱的老师们：

大家好！

临近期末，有的老师已经把课上完了，有的老师还没上完，正在快马加鞭地赶着尽快把课教完。大家这么做，无非就是想多留出一些时间，让学生们好好地复习，考个好成绩。

天底下，没有哪个老师不想自己带的班级考得好的。作为校长，我更想要成绩。但是，想要好成绩，就应该有自己的道。我很想与大家分享我十六年来对教育之道的观察和思考。

大部分学校，对于期末复习都是差不多的。过去更糟糕，临近期末的两周，教导处把其他所有非考试学科的课全部停掉，一律做试卷来复习。近年来好一些，学校不敢大张旗鼓地这么做了，可"认真"的老师会自觉地向非考试学科老师要课，让学生做试卷。

我一直很想问老师们，既然大家都这么希望自己班的学生考得好一些，那有没有想过：这样的方法，有没有真正地提高学生的成绩呢？似乎没有老师想过这个问题，只是看人家这么做，自己也就这么做了。我观察了好些老师，考试后常感叹：有几道题，复习的时候都做过了，我也讲过了，可是很多学生还是做错了；这次的试卷出得太活了，平时我们都没有做过。可见，很多时候，我们的复习试卷做得太多了，并不一定会有预想的效果。

我替学生高兴的是，从去年我来到桐小开始，我们对各地卷就不再做了。那么，究竟怎么样才能提高成绩呢？这才是我们要想的。不过，我也没有直接就能让学生考得好的办法。

我觉得要多和学生在一起，并且要耐心点；不要总是板着严肃的脸，或总是大声吼叫。当副校长期间，我带过一个班语文，一周有三个早自修是我的。七点多，我就在教室里，一边等待学生到来，一边看我自己喜欢的书。这样，学生过来都很自觉地和我一样——安静看书。下课了，我继续留在教室里和学生在一起。他们有时会围拢过来，与我谈他们的事。我呢，也从中得到了一些写日记的灵感。要知道，一个人整天板着脸孔，是没有人愿意和你交流的。我想这就是"亲其师信其道"的道理。

当学生愿意和你交流时，许多事情就容易多了。他们会更加喜欢你所教的学科，作业也就更乐意完成。

老师们，如今已经是期末，我们该怎么做呢？相信每一位老师都有自己的想法和创意，希望大家多多交流。请大家回头好好理一理，这学期教学的内容哪些是需要掌握，而学生还没有掌握的；哪些是已经掌握的；哪些是这个阶段不需要掌握的。然后有针对性地复习。

千万记住：不要一张又一张地做练习，别让中考或高考前的"黑暗岁月"提早来到小学的校园。如果那样，我们的学生就会提早厌学，他们学习的欲望和兴趣从小就会被我们扼杀在摇篮中。

关起门，您就是国王。教室里，说了算的您，该怎么做，真的得三思。

提前祝大家端午快乐！

与大家同行之人　周国平

2016 年 6 月 6 日

让学生长大了回来看看老师

亲爱的老师们：

大家好！

暑期师德培训时，陆壹老师教过的十来个学生，回到学校来看望陆老师。那天时间已经很晚了，二楼书房却传来阵阵笑声。我怀着好奇心走进了书房。他们正在拍集体照，看着陆老师和学生们相处如此投缘，我好生羡慕！

这让我想起了一位老教师，她谈起她所教过的学生，每年都会回来看望她。教书虽然辛苦了点，但是能够有如此待遇，那真是太幸福了！我当老师的头一年，一帮小学同学相约着去温州看望我们小学时的语文老师。同学中有读书好的也有不好的。尽管许多年过去了，老师依然记得我们的名字，记得我们的特点。（让我既感动又兴奋）让我至今难忘的是，当时为了参加区里毛笔字比赛，他辅导我的那一段时间，每天让我在他家（学校的单身宿舍。里面是卧室，外面是厨房）吃饭。吃完饭教我练字。练完之后骑着自行车拿着手电筒送我回家。我想自己是幸运的。我也相信，那天我们去见老师，老师他应该也会感到幸福的。

作为老师，可以撇开一些教育理念，单就把学生放在心上，也许就足以撑起一片教育天空了。学生一辈子会遇见许多老师，要是能让学生长大后，时常想着回来看看老师，我想这样的老师或在学业上，或在为人处世上，一定有着让学生难以忘记的美好回忆。

在我读小学的时候，经常在村子里某些墙壁上，写着某某老师的名字，后面还加上一些念出来难听的词。而往往这样的老师所教的学生又都是同一个村的，大家都是互相认识的。我真难以想象，当年的老师如何看待学生这样的行为。我在读初中时，一个同学辍学走上了社会，他有次回学校时告诉我，他今晚要给当年教他的数学老师一个巴掌。原因是这位同学和另一个同学发生矛盾，数学老师当着全班同学的面扇了他一巴掌。而另外一个同学不知道什么原因，却没有同样的"待遇"。我不知道今天的老师们看到了这样的例子，做何感想？

当然，在过去的年代一定存在着某些原因，让老师如此不受人尊重。但我们要清醒，在我们老师队伍当中也还存在着某些臭名昭著的老师。过去是这样，今天依然是这样。

因此，我很愿意把"让学生长大了回来看看老师"作为我们共同的教育理念，去努力实践，实践，再实践！

祝老师们新学期有想法，有实践！

与大家同行之人　周国平

2016 年 9 月 4 日

仰望星空，脚踏实地

亲爱的老师们：

见信好！

今天和大家聊聊这八个字"仰望星空，脚踏实地"。仰望星空，就是要有梦想、有目标；脚踏实地，就是要有实干精神，不能光说不做。

当校长，应该要有自己的理想。那么，我的理想是什么呢？昨天在朋友圈里我发了李庆明校长的讲话内容。特别喜欢他讲的一句话：学校不只是孩子的学校，也应当是教师的学校。我希望我们桐浦镇小的老师，都能在学校里找到自己的乐趣，并不断地成为更好的自己。大家在一起能够互相学习、互相帮助，既有共同的目标，又有各自的成长路径。

我期盼着，经过我们的努力，学校可以成为自己喜欢、学生喜欢的学校。走进校园，就有一股书香味，既充满童趣，又有文化底蕴。从这里出去的老师，不会因为身处乡村而放松对自己的要求；不会因为身处乡村而觉得技不如人。从这里出去的学生，一定能够识得几种草药并保持对大自然的好奇心；从这里出去的学生，一定是喜欢阅读，并学会在书中找到自己；从这里出去的学生，也一定是对小学阶段的生活充满着美好的回忆的。

我的理想就是能够通过自己的努力，将学校逐步地带向理想的精神家园。我们提出的办学理念是：百草皆为药，人人可成才。每一个人都可以成才，只要你愿意。

要成才，不能光有理想，更应该付出实际行动。要脚踏实地，要和时间做朋友。

我初来桐小和大家共事，你我彼此并不了解。有人说，慢慢来。先和大家搞好关系。我很珍惜在这里的每一天，我不想把时间过多地花在搞好关系上。

我希望把更多的时间和精力花在为老师和学生做事情上，以不断增进我们彼此的了解和信任。

一年来，无论大事小事，我能做的都去做。有人好心劝我，不要什么事都自己做。你什么都自己做，会有人在旁边看你的笑话：你这么能干，就让你干个"痛快"。可我不这么想。我想的是像我们这样一个小学校，有些事我不做，还真不行。就拿通下水道的事来说吧。你说下水道排污管堵了，怎么办？这需要马上解决，叫人也不是随叫随到的。索性还是自己动手的好。上周去桐溪小学听课。鲁校长说教学楼太脏了，看着不舒服，自己拿起扫把从三楼一直扫到一楼。可能我们小学校的校长都是这样的吧！

一年来，我要是天天在口头上说自己的理想，而不去行动，想必学校是不会有什么变化的。其实，我当校长很简单：做我能做的；做我可以做的；做好自己的同时，能够影响到身边的人，让身边的人变得更好！因此，我不在乎别人如何评价我，我也不在乎别人是否会嘲笑我。

我想仰望星空，更要脚踏实地。我也希望大家跟我一同前行！

愿我们快乐同行！

与大家同行之人　周国平

2016 年 10 月 24 日

让"关注每一个"落到实处

亲爱的老师们：

大家好！

本周和大家聊聊"关注每一个"的话题。

"关注每一个，成长每一个。"这是浙江省小班化教学的一个很重要的理念。我们学校是我市小班化教学基地学校，我们该如何落实这样一个重要的理念呢？

上周，陈书记跟我谈起一个身患糖尿病女生的情况，提醒我要引导老师们关注这些孩子；今天校务会上提到"红黄蓝评价"时，又说到有些孩子一整个学期都没有得到班级里的红花，提倡老师们应该要给这些孩子受表扬的机会。

的确，有时候我们真的会想当然地把一些孩子忘掉了。我当初在一线教学时也是如此。我当时是一名大队辅导员，我推出了"星卡评价"和"半月之星评价"的要求，自己在班级里先实施起来，能够得星卡和半月之星的总是那么几个孩子。我想当然地认为，"优秀"的总是会优秀一些。不光是我们班这样，其他各个班级大抵也都如此。除了"优秀"的学生之外，我很少关注到那些没有得卡的学生，这和我们的"关注每一个，成长每一个"的理念是相违背的。

钱穆先生《初为校长》一文中提到过一件事，他在课间巡视时发现一学生被原校长惩罚，除大小便外不得离开座位。他立马让这名叫杨锡麟的学生出去活动。结果这名学生一出去就捕捉了一只青蛙，还把青蛙撕成两半。其他同学来告状，钱穆先生不仅没有处罚杨锡麟同学，还教育告状同学，以后不得大惊小怪。要是以后再来告状，必当处罚大家而不惩罚杨锡麟。这样的做法是不是让人难以理解呢？但你往下看就理解钱穆先生的用心了。

钱穆先生在教学过程中，观察到杨锡麟同学听觉较佳。一日放学后，独自留下锡麟同学，教他唱歌。待他会唱后，告诉他明日课堂上会请他起来独唱。第二日上音乐课，钱先生请锡麟同学起来唱歌，锡麟同学的歌声让大家惊喜，得到了持久的掌声。从此以后，其他同学不再歧视他。锡麟同学也逐渐变得越来越好，与之前判若两人。

读完文章，我深受感动。我们在平时的工作中，是否也可以为关注每一个学生创造一些机会呢？我们的"红黄蓝评价"中有努力卡、特长卡等，就是强调要善于发现每一个孩子的长处，让每一个孩子都可以得到我们的肯定。有段时间，我很想去教幼儿园，因为在那里，你会发现每一个孩子都是可爱的。真的，只要不拿成绩作为衡量的唯一标准，每一个孩子都可以成为优秀的自己。全国那么多个高考状元，最终成为行业精英的有几个呢？这不得不引起我们的深思。

因此，在平日的教育教学中，我们应该要有意识地，或者说有计划地去关注每一个孩子，让每一个孩子都感觉到自己是被关心的，而不是被遗弃的。只要我们此刻已经意识到了，那就已经开始改变了。我们的一点点改变，将会影响一个个家庭。

善待孩子，让"关注每一个"落到实处吧！

祝各位工作愉快！

与大家同行之人　周国平

2017 年 3 月 6 日

感动是一种能力

亲爱的老师们：

大家好！

一定有老师会有这样的感觉，我们时常感动了自己，却不能感动他人：我们为学生做这个、做那个，可家长仍然无动于衷，甚至还恶语伤害老师。

这样的事情，我曾经就遇到过。

刚教书那一会儿，我每天六点左右就到学校，然后骑着助动车挨家挨户地去叫学生起来到校晨读。当时我觉得自己做得挺好的，可是学生和家长并不一定能够感受到。一次，晨读的时候一位学生拿起凳子和同学打架，把凳子腿打折了。这位学生的爸爸是木匠，我就让他把凳子带回家修好作为赔偿。没想到，过了一会儿，这位家长带着凳子，闯进办公室，"啪"的一声，将凳子狠狠地砸在我面前："就一张凳子，有什么了不起的，我赔不起啊？"后来，他是怎么离开的，我也想不起来了。

我只知道，自己当时真的很伤心。

现在想来，一位年轻老师每天骑着助动车，去村子里挨家挨户督促学生起来读书，是一件令自己很感动的事情。可是，当遇到了一个不会感动的家长，你把自己感动得一塌糊涂，他也是感受不到的。

听了我的故事，你的脑海里，是不是翻出了曾感动了自己却感动不了家长的那一页呢？

毕淑敏老师写过一篇文章《感动是一种能力》，其中一段："如今，人渐渐丧失了感动的能力，感动闪现的时间越来越短，感动扩散的涟漪越来越淡。因为稀缺，感动成了奢侈品。很多人无法享受感动。于是他们反过来讥讽感动，嘲笑感动，把感动和理性对立起来，将感动打入盲目和幼稚的泥沼之中。"真的是这样，感动已经成了奢侈品。正如《再见了，克鲁》一书的腰封上写的："你多久没感动过了？"

身边有兢兢业业工作的老师，我们很少为之感动，更多的是去劝懒："你傻的，那么拼命干什么？"听他人在台上分享感人事迹时，我们可能更多是觉得"说起来好听"，而心里并不感动。当有人在坚持写作，我们还会挖苦一句"做得好不好不要紧，重要的是要会写"。城里的老师，把一个班级管理得好好的，我们会说城里的家庭教育好；乡下的老师，把事情做好了，我们又会说小环境好做事。总之，我们缺乏一种感动的能力，很难透过事情表象看到背后的人，去感受他人的付出和努力。

我认为作为老师，要有一颗容易感动的心。一个容易被感动的人内心更加柔软，眼里更能发现美好。去年，我到衢州一所农村学校参观，学校让全校学生参与了展示，站在操场上看到一排排整齐的学生，听到那锣鼓喧天的声音，我的泪水夺眶而出。我被感动了。感动于这场面背后所付出的老师，感动于农村孩子能够享受到这样的优质教育。我想，如果早十年看到这种场面，自己一定不会流泪，最多只有震撼。为什么今天会被感动落泪？因为今天我能够将心比心，能够去体会场面背后的人是如何付出的。

老师们，在我们的生活和工作中，真的需要我们学会感动。这个世界上没有规定谁就一定要帮助你，哪怕是你的亲人。在学校里，一次公开课，身边的伙伴帮助你、陪伴你，一路走来，我们应该要感动他人的付出，哪怕他只是为你处理一些杂事；某天，学生对你说，老师你真像我的妈妈（爸爸），我们同样要会感动；走出学校，不管遇到给老人让座的年轻人，还是看见身边的义工在为他人服务，我们都要有所感动。有了这些感动，我们的工作会变得更加富有热情，我们的小日子也会过得更加幸福。

老师们，感动是一种力量。

看到一片落叶而感动的人，可能成了诗人；听到孩子的一句话而感动的人，可能成为教育家。经常被身边的人感动着的人，他应该是最幸福的人。

祝愿每一位老师都成为最幸福的人！

与大家同行之人　周国平

2017 年 6 月 6 日

比开头更重要的是过程

亲爱的老师们：

大家好！

上周和大家聊的话题是"开头很重要"。本周，想接着上个星期的话题，来谈谈比开头更重要的事情，那就是"过程"。

我们经常看见一些人制定计划时，充满美好理想与愿望，开头工作也做得轰轰烈烈，可到最后，却是一栋"烂尾楼"。这是为什么呢？其中一个很重要的原因就是没有过程。

一直在乡村学校的我，对乡村学校的一些做法甚是了解。就说"师徒结对"吧，上面来检查，什么材料都有：师徒协议签订、师徒记录表等。可是，老师们真的在做吗？答案是大部分师徒都是形式搞一下，资料造一下，几乎没有任何实际行动。这样的师徒结对就不可能对老师的专业发展起到作用。为什么会这样？因为作为直接管理的教导处并没有真正地参与和管理师徒结对的过程。没有过程的跟进，就没有实际行动的落实，也就没有效果。

班级管理也是如此。"卫生打扫"是最常见的一项班级管理工作，不管你到哪一所学校，到哪一个班级，都能看到班级墙壁上贴着本班的卫生打扫安排表。但是，各个班级的实际情况，却是千差万别的。有的班级一进去，桌子一排排就像是用线拉过似的，图书角的书就像图书馆里的书一样有次序、有使用记录，让人一看就一目了然，神清气爽。而有的班级，你会看到桌子是东倒西歪的，椅子有的反扣在桌子上，有的倒在地上，讲台上散落着各种本子、粉笔头和学生丢失的红领巾。

你若要是问起班主任，他会告诉你："我都有做啊，墙上分工都很明确，我们班学生不知道怎么搞的，就不如某某班好，他们班家长配合，学生又能干，我真是倒霉透了，接了这样的班。"我相信，任何一个班级到了他手里都会成为"学生能力不好，家长不配合"的班级。究其原因，就是老师不会做过程的管理。

这个学期，我女儿的班级换班主任，一开始许多家长都有点不淡定，可后来听说这个老师当班主任很有一套，她带的班级每年都是文明班级。开学才两个星期，这位老师就开始管理路队，整理班风，马上在学校的评比中荣获第一名。昨天，我打开微信群，看到了她整理的一周班级工作情况，很多家长看到了都说这位班主任好。从她的工作记录，我们不难看出这位老师的用心，看到了她一周所做的一件件事都是有规划过的。作为家长，我们能够感受到班主任在这个过程中所付出的努力，自然就积极配合老师的工作。

女儿的语文老师在班级群里发了学生朗读的评价表，每一位家长看后都在群里夸赞老师。开学初，这位语文老师发现班级里学生朗读能力很差，推出了一个"朗读计划"，每篇课文选择一个重要段落让孩子回家练习，然后用手机录音发给他，他逐一听过学生的朗读，并写出具体的建议。这就是过程的体现，并非只布置而不评价。有了这样的过程跟进，学生自然认真起来，家长自然重视起来，相信朗读能力也自然会提高。

因此，比开头更重要的是过程。强调过程，意味着我们要付出更多的时间，意味着我们的工作要更注重细节。当然，当我们把过程做好了，学生会越来越棒，到那时，我们就能体会到教育带来的幸福感，前面的辛苦也就值了。

因此，请老师们注意过程。过程到位了，你的成就感、幸福感就来了。

祝各位都在实施教育的过程中收获幸福。

与大家同行之人　周国平

2017 年 9 月 18 日

有一种教育叫活动

亲爱的老师们：

大家好！

今天作为瑞安市名优校长高级研修班的学员，来首都参加为期十二天的学习。早上，先在教育局开班，然后坐飞机来到北京教育学院，参加北京的开班仪式，接着就是晚上的破冰活动，最后还参加了班委会议。来到宾馆已经是晚上十点了。

身在外面有诸多不便，每周一封信尚未动过一个字。但是，不能因为外出就把这个事情耽搁了。再迟，也要把这封信写好，再发到公众号。

今天我想到的题目是：有一种教育叫活动。

"请温州市第十二中学的某某同学到越野车比赛场地检录，请……"昨天，这声音一直在我们的校园荡漾。这声音让我们所有的老师感到惊喜，给温州市海陆空模型协会的所有会员带去美好的印象，为学校赢得了光荣。这是二（1）班张岢昕妈妈，在昨日学校承办的有史以来级别最高的学生比赛——温州市青少年车辆模型比赛暨浙江省车辆模型冠军赛中，作为家长志愿者参与比赛担任检录员发出的声音。

昨日的比赛，先不说我们学校取得的成绩，光就家长参与这一点，她为学校争了光。有了家长这样的参与，何愁办不好教育。

"你们几位家长来帮忙把这些盒子送到四楼去。你们几位来帮忙抬桌子……"这声音又是谁发出来的呢？原来是我们学校的张跃老师在调度家长做这次比赛的整个后勤工作。担任这样大型活动的后勤组组长，并非那么简单，十分考验综合能力。我们的张跃老师做到了。温州海陆空模型协会秘书长张新苗说："我们和那么多学校共同举办了那么多比赛，这一次后勤服务做的是最好的。"

　　不管是家长还是老师，在这次活动中都把学校最好的一面展现在大家面前。我很想说，有一种教育叫活动。有了这样的活动，有了家长的参与，有了老师们的实践锻炼，我们的教育能不好起来吗？

　　承办这样一次活动，以徐祥平老师为代表的几位老师付出了大量的时间和心血，它给我们学校带来了不断前进的号角，带给我们学生的是自信心的提升。

　　在这次比赛中，我关注到一位四年级的小男生张霖。在我印象中，这是一位挺调皮的男孩子。平日里经常被老师们"关照"的他，在比赛中获得了两枚铜牌，两次站到了领奖台上。当我给他拍照时，他摆出"胜利"的动作，显得特别高兴和自豪。像他这样的孩子，估计在平日里很难获得如此荣誉。而今他能够在那么多人的关注下，走上领奖台。这或许能够影响他的一生，至少让他有了美好的回忆。

　　有一种教育叫活动。

　　学校为孩子们搭建各种平台，为的就是展示他们的风采，让他们相信，自己也是很棒的！

　　一所学校，没有活动会死气沉沉；一个班级，没有活动会变成一盘散沙；一间教室，没有活动会枯燥乏味。在班级管理中，在课堂教学中，在课间娱乐中，我们不妨为学生们多创造一些活动，让活动成就我们一个个充满无限可能的孩子。

　　祝大家在活动中获得更多愉快！

与大家同行之人　周国平

2017 年 11 月 27 日

让优秀成为一种习惯

亲爱的老师们：

大家好！

这天气是越来越冷了，早晨的被窝就像一个大大的怀抱，好温暖、好舒服，实在不想离开这个大大的怀抱。突然间，觉得这世间最勇敢的事，莫过于早晨起床的事。但每每这个时候，我总是喜欢一鼓作气，一跃而起。当自己一跃而起的时候，寒冷已经不在身上了。

不管怎样，我都要早早到校。让早到校成为一种习惯。

本周和大家交流的话题是，让优秀成为一种习惯。

因为本周有个广播操比赛，所以近段时间学生出操情况比以往都要好。为什么有比赛，大家做操就好起来了呢？当然，这是班主任和体育老师共同努力的结果。我想分析的是，大家都做了什么，怎样的努力才会让学生们认真做操的。一方面体育老师在课堂上进行了练习；另一方面班主任利用课间也进行了训练，更重要的是在学生们出操时，班主任开始关注到学生们的动作，以及他们做操时的态度。所以说归根结底是班主任的注意力发生了改变。

学校为什么要举办比赛呢？难道就是想分出一二三的等次吗？当然不是。我们是想通过比赛，把大家的注意力集中到这件事上来，从而提高学生的做操质量；同时，借此来强化学生整齐出入场的好习惯，来营造班级集体荣誉感。

目标很明确。因此，我想对每一位老师说，不能比赛一结束，又打回原形。那样，我们的比赛就失去了它本来追求的目标。我们一定要让认真成为习惯，让优秀成为一种习惯。

明天（星期二）下午，陶山学区公办学校的全体教育干部，要集中到我们学校召开一次大会。我在群里发了这样一条短信："学校经常有客人来，我们借此机会彻底整理和打扫一下，最后养成习惯。不管客人来与不来，我们都要这样去要求学生，都要这样去要求我们自己。"对，我就是不希望大家是为了比赛，或者为了某次检查，而做出一时的认真。我们要追求的是，让优秀成为一种习惯。

老师们，我们学校都有哪些优秀的习惯呢？

我们有很多优秀的习惯：一周一篇阅读批注、体会；一周一封回信；外出学习的体会、交流汇报；让学生排好队去功能室；值日老师在食堂为学生打汤；从上周开始，郑洁老师每天早早来到学校，坐在教室里和学生一起晨读；等等。

除了这些好习惯外，我们还应该关注课堂，倾听学生的声音，多用富有积极性的评价鼓励孩子们积极发言；进入课堂，我们要和学生一起遵守规则，与学生建立有效的沟通关系，彼此互相信任。我们还应该关注自身的成长，让自己越来越优秀。这种优秀，并非只是一纸证书，而是努力让自己越来越配得上"教师"这个称呼。

最好的教育是言传身教，我们的优秀就是给学生一种示范，给我们自己的孩子一种榜样。

让优秀成为一种习惯吧！

祝各位愉快工作，越来越优秀！

与大家同行之人　周国平

2017 年 12 月 18 日

当喜讯传来

亲爱的老师们:

大家好!

上一周很忙碌,温州电视台来校采访录制节目,瑞安市城市学院池万村副院长一行来校考察,瑞安市数学教研活动在学校举行,匈牙利老师罗娜来校交流,等等。让我们这所乡村小学变得不同寻常,显得格外热闹。

当喜讯传来时,我迅速将这些信息通过微信群告知我们的家长,让他们知道学校的新闻,也高兴高兴。独乐乐不如众乐乐!

上周除了这些喜讯外,学区还传来了另一个喜讯:我校三名教师参加班主任基本功比赛,叶露露和陈璋怡两位老师获得一等奖,其中叶露露老师获得了一等奖的第一名;另有张丽娜老师获得二等奖的第一名。真是可喜可贺!

话说去年的班主任基本功大赛,我们的刘君君老师独自一人去参加,摘回了一个第一名;暑期学区师德培训演讲选拔赛,我们的金洁和叶露露两位老师名列前茅,她们的演讲得到了在场老师的好评。这一切成绩的取得,大家有目共睹。

从班主任基本功大赛结果出来后,有学校召开班子会,就专门提出这样的问题:这两年来桐浦小学的老师一下子脱颖而出,在这些比赛中成为佼佼者,而我们偌大的学校居然榜上无名,大家实在应该好好反思才是。

当有人告知我这个消息时,我真心为老师们的成长感到高兴和自豪。就是因为你们的努力,才会取得这样的成绩,从而才会引起别人的思考。我觉得,我们可以为此感到高兴,但绝不能因为取得好成绩沾沾自喜。因为我们的进步,推动了我们这片土地上的教育向前走了一点点。

老师们,当喜讯传来,我们还得反思为什么过去做不到的事情,现在可以做到?其实,一直以来我们不知道自己有多优秀,是因为我们没有尝试过,没有努力过，没有盼望过。

上周的市级数学教研活动，潘丹丹和黄文瑞两位老师代表学校对外执教了两堂公开课。说实话，回想自己的教书生涯，的确很羡慕现在的你们，能够在自己"家"上市级公开课。我迄今为止都还没有在本校上过市级公开课呢！

在这次磨课的过程中，给我印象特别深的是詹友海主任，他始终陪伴着大家"走南闯北"。我是最喜欢最愿意陪老师们去磨课的，但这次我没能全程陪同，实感抱歉！不过，詹主任作为学校的代表，他的到场或许比我要好得多，因为他还是数学老师。最后看到老师们能够自信、大方地将课呈现出来，我感觉特别开心！

黄文瑞老师有孕在身，但是磨课非常积极主动，还动用了"专职司机"（老公）来接送指导老师；潘丹丹老师好几晚加班加点，一次又一次地修改教案，把老公当作学生来试教。这让我想起在碧山小学时，我送老师们去永嘉外国语学校跟岗学习的事情。一个星期的跟岗，每一位老师都特别拼：白天听课上课忙个不停，晚上备课改课一直到深夜。那一个星期成为他们教书生涯中，一次特别难忘的记忆，大家感受到了成长带来的喜悦之情。

什么叫作刻意练习？这样的经历就是。准备的过程是痛苦和煎熬的，但结束时，就会有一种成功的喜悦涌上心头。什么是职业幸福？这个过程就是其中之一！我发现两位老师开完课都将证书发至朋友圈，以自己的方式去庆祝自己的成长。我想此刻的她们一定是幸福的！

对于这两位老师而言，我相信当喜讯传来时，她们一定会有这种感觉——这两个星期的辛苦没有白费，的确让自己成长了许多。

老师们，当喜讯传来时，不仅让人高兴，更让人产生一种积极向上的力量。当大家都有一种积极向上的力量时，喜讯自然就会越来越多地向我们传来，这必将会成为一种良性循环。

我已经迫不及待地期盼着下一个喜讯的传来。

祝大家工作愉快，家庭幸福！

与大家同行之人　周国平

2018 年 3 月 26 日

为孩子提供更多的可能性

亲爱的老师们：

大家好！

上周六上午，我们几位老师和一部分学生，跟随陈书记去福泉山采药。下午，三（1）班的学生在家长的带领下，来到瑞安市利济医学堂参观。不管是上山采药，还是进城参观医学堂，孩子们都表现出了浓厚的兴趣，个个神采飞扬。

我觉得这一天的活动，实在应该发一发朋友圈，让更多的人知道我们除了上课，还会带学生做一些课堂外的事情。说实话，我们很多老师只关注到课堂内的事情，很少关注到学生课堂外的情况。因此，我们老师评价学生就会变得单一而片面，只认为成绩好就是好学生。其实，每一个人的成长方式都是不一样的。有的学生在学业上表现得非常优异，每次考试都能得很高的分；有的学生在成绩上表现一般般，甚至一塌糊涂，但是有可能在动手能力上会有不错的表现。

我们所提出的办学理念——百草皆为药，人人可成才，就是希望我们老师打破这种传统分数论观念，以未来 30 年的眼光，来看当下的这些学生。30 年后，大部分学生一定会在某一个领域有自己的专长，能够让自己的生活过得不错。就从当下的就业来看，我们许多行业都不缺大学生，最欠缺的是技术工，这些技术工都享有高薪待遇，享受各种优待。所以，当下的分数并不能说明什么，我们更要在分数以外，思考和设计我们的教育。

在德国和新加坡等国家，他们有一套分流教育体制，在小学和初中阶段，让不同特点的学生进行分流，适合读文化课的学生就去读文化课，适合读职业技术类的学生就去上职业技术学校。

其实，每一个学生都充满了无限的可能性。我们的教育应该要提供更多桥，让更多的人选择不一样的桥，走出自己的精彩世界。

我们各个学科的老师，就是这一座座桥的建造者。

首先，不管哪一个学科的老师，对待学生都不能过分严厉。前天，有位老师跟我说起，她们学校有一位老师对待学生非常严厉，经常中午把学生留下来，留得很迟很迟。结果，这个班级的学生明显有一种厌学的情绪，对待任何学科都提不起精神学习。如果学生的兴趣被我们磨灭了，那将是多么可怕的事情。当他们没有了兴趣，还哪来什么可能性。

其次，我们还应该组织一些相关的学科性或非学科性的活动。数学老师可以给学生安排一些数学游戏，比如我女儿班级的杨老师给班级里的孩子购买了几副牌，让他们在课间算 24 点；语文老师可以组织学生多多接触大自然，开展一些有趣的语文实践活动；英语老师可以组织学生表演英语课本剧；科学老师可以带领学生做有趣的科学实验；体育老师可以教给学生几招体育绝活；音乐老师可以教授学生简单的乐器；美术老师可以带领学生在校园内外写生……

总之，我们不能只教授课本上的那点东西，学习不能只是在教室里，应该为学生打开广阔的视野，提供更多的学习机会。或许，就有那么几个学生，因为表演了英语课本剧而更加喜欢英语；因为学了几招体育绝活，而让自己充满信心；因为做了几次有趣的科学实验，而对科学产生了浓厚的兴趣。

最后，不管是哪一个学科，都离不开阅读。

我和学生一起阅读，和自己的女儿一起阅读，经常会和他们一起谈论阅读的话题。在谈论中得知，孩子们经常能够在阅读中找到自己的影子，觉得书中讲的就是他们自己。当孩子们读到与自己相似的角色，他们会有一种共鸣。有的孩子在阅读中，会找到自己希望成为的角色。他们会在阅读中，汲取书中人物的力量，让自己变得更为出色。还有一些孩子，会读到他从未经历过的事，激起他们的好奇心，让他们与某一个领域产生了链接。或许，多年后的他，就是因为儿时的这次阅读，改变了他的一生。

阅读，就是有一种神奇的力量，它是一颗种子，当下我们种下它，将来就有可能生根发芽长叶。

未来一切皆有可能，如果我们的教育只是一些学科知识，那么我们的教育是残缺的。为学生的未来提供更多的可能性，我们所要做的肯定不只是这些，但是只要我们从这些开始做，就一定能够做出更多的可能性。

祝大家工作顺利，心情愉快！

与大家同行之人　周国平

2018 年 5 月 22 日

机会永远留给有准备之人

亲爱的老师们：

大家好！

上周，我们学校喜事连连，张跃老师荣获温州市劳技优质课评比一等奖；叶露露老师被推荐为温州市学科骨干教师；季信心老师荣获瑞安市音乐技能单项比赛二等奖；李亨老师的画作被收入《温州教育》杂志，她为学生办个人画展庆"六一"的事迹还被《温州都市报》所报道。

作为校长，看到老师们获得荣誉、取得成绩，感受到老师们的进步成长，我感到特别高兴！可以毫不夸张地说，甚至比自己取得荣誉还要激动。我在高兴之余又在思考，她们能够获得这些荣誉或者成绩的某种必然因素是什么？

显然，还是经常挂在人们嘴边的那句老话：机会永远留给有准备之人。

在我看来，准备有两种：一种准备是，带有明显的功利色彩的准备；另一种准备是，不带功利色彩的准备。比如，许多老师为了调动，为了评职称，不断地争取各种机会，这种准备就属于前一种。而像李亨老师那样，她自己都不知道怎么会上了杂志、上了报纸。她前面所付出的努力就属于后一种。我更希望的是后一种准备，它能让人更加安静和平和，不会因为某些得失而心情起伏。

非宁静无以致远。一个内心无法安静的人，会容易向外追求，会容易养成与人争的习惯。这样的人，可能目前会走得很快，但是无法走得更远。内心平和，诸事不与人争，实实在在地做事情、学本事，有时甚至让人感觉还有点傻傻的人，他们往往能走得更远，更能体会到职业的幸福感。

以上几位老师可以说都是属于后一种准备。她们在工作中兢兢业业，就像手艺人一样，日复一日地坚守着自己的专业，不放弃自己的爱好。有了这样的用心，就像一颗颗具有优良品质的种子，只需要提供一个适合它们发芽成长的环境，它们自然而然就会从土里冒出来。

所以，我说的准备，就是把自己培育成一颗具有优良品质的种子。

作为校长，我要做的准备就是为老师和学生提供最大的帮助，促成他们的成长；一门心思地做教育，为自己的学校营造优质的环境。到那时，水涨船高，我们就有更多的机会，就有可能让自己获得更好的成长。

众所周知，我们学校近年来，获得了许多机会，为老师们提供了很多展示和学习的平台。细细一想，我们就知道这些机会的获得，并非是无缘无故就给我们的，而是通过我们自身的努力，赢得了众人的信任。

去年，我们承办了瑞安市教科研骨干研修班活动。教科室的陈荣老师说："为什么把活动放在桐浦小学，我们是有思考的，我们就是要给一些努力做事的校长和学校提供展示的机会。"

而这个学期，教师发展中心师训员谢余清老师把小学数学90学时和32学时培训中的一场活动，放在我们学校举办，又为我们五位老师提供了展示和学习的平台。谢老师在《走进教育周国平》一文中这样写道：说所有的遇见于冥冥中自有安排，毋宁说其实皆出于因果相循，坚持一件事能遇见精神尺码相同的人。

作为老师，我们应该以学生的健康成长为出发点，努力为学生提供更多的可能，帮助他们天天向上。在成就学生的同时，顺便成长自己，丰富自己！在这个过程中，其实我们就已经为自己进行储备了。

有些努力，当下无法看出成效。但是到了一定时间，它就会以更加喜人的成绩来回报你。我自己就是个例子。去年我对安阳市实验小学校长潘权威说："权威兄，真羡慕你，能有机会去美国考察，了解先进国家的教育状况。"今年4月份，我就接到了市教育局邵委员的电话通知，7月份让我到新加坡公派留学访问三个月。这对于我而言，来得有点突然，自己毫无心理准备。但是，这正是对我过去所做的努力的一种肯定。

反过来讲，就是因为过去的这些前期准备，我才获得了这次新加坡三个月访学的机会。

机会永远都是留给有准备之人！希望大家都充分准备着。

愿大家都把自己培育成一颗具有优良品质的种子！

与大家同行之人　周国平

2018 年 6 月 4 日

要关注学生的精神成长需求

亲爱的老师们:

大家好!

这个学期过得特别快!一眨眼,一个学期就要结束了。大家都在紧张的复习状态中,每一位老师都生怕自己所教的学生考不出好成绩。

或许,这就是最能体现我们为师者的一种职业良知吧!

我们常说:"经师易得,人师难求。"作为教师,我们不仅要关注学生的学业成绩,还更应该关注学生的精神成长。

前段时间,我因出差无法上课需要让人代课。听说我要出差,几位平时挺爱与我搭话的女生,便跑过来问我:"校长,你出差谁来代课啊?"

我说:"那我还不清楚,怎么了?"

"千万不要让'四科'老师来代课,我们都受不了,每天就是复习和做题。"她们几个异口同声地说道。

听完她们的话,我就在想:毕业班的确是有考试的压力,但也应该注意适当的原则。听说有的学校还把六年级的音乐、体育等学科去掉,只上"四科"。这样过分的行为,严重违背了教育常识,我是坚决不干的。我关注了下毕业班的作业情况,与"四科"老师做了一些交流。我自己教语文时,学生作业较少,经常与他们读读书,偶尔组织一些班级的活动,师生关系特别好。当其他老师作业多了,我就布置得少一些,甚至没有。他们经常会高声大喊:"周老师英明!周老师英明!"

或许,学生们知道我能体谅他们,他们对待我所布置的作业也就相对认真一些。有些同学因为没有掌握某些知识点,也愿意留下来认真补习。因此,我虽然作业布置得少,但是考试成绩还是不错的。

　　我在反思自己的行为，到底哪里起到了作用？可能并非就是因为少布置作业，而是我对学生精神需求的理解。有了理解，就有了师生关系的融洽，就有了师生之间的信任。他们对待自己所信任的老师的功课会多一些情感上的认可，因此会更加认真对待。

　　所以，我觉得我们老师更应该关注的是学生精神成长的需求。

　　这段时间，我发现六年级两个班教室的前黑板上，林玲老师每天都会写上一句鼓励学生们的话语。如：最后一个月，做自己的英雄！而且，她还会与学生讲述这一句句话背后的故事。我想这就是关注了学生精神成长的需求，同时我们也要时常与学生互动反馈，真正了解他们是否喜欢这样的方式。

　　大家可别小看了这个小招数。有时候可能就是因为某一句话，学生不再害怕困难，甚至，还有可能这句话会影响他一辈子。

　　叶雅丽老师也曾经在班级里实行过和林老师类似的举措，不同的是，她是让学生自己写：按照班级座位，每天由一位学生将一句自己积累的，或者自己有感触的短句或诗词，分享在黑板的右上角。语文课前由分享的学生上台领读一次。相同的是，她们都达到了一样的效果，学生们都很喜欢。她们都考虑到了学生的精神成长的需求，为学生输入了一股强大的精神力量。

　　老师们，在这个紧张的时间里，我们是否可以不再是一天到晚地复习和做题，不再是简单地校对答案和检查？可否换一种方式走近学生，关注学生的精神成长需求，站在学生旁边，与他们一起想办法复习好功课，争取取得更好的成绩呢？

　　比成绩更重要的是学生的精神成长。我们一定要关注他们的精神成长的需求，创造一些活动和机会，让学生感受到人世间是充满美好的。

　　祝愿大家快乐工作，多多关注学生的精神需求。

与大家同行之人　周国平

2018 年 6 月 12 日

把结果看淡一点

亲爱的老师们：

大家好！

刚准备好主题队会的发言。此刻已经是凌晨一点三十三分，但我还是要写下这封信。晚上，不，应该是昨晚，我看完了参加师德演讲的老师们的视频，内心特别激动！在我看来，每一位老师都很努力，都很用心！

张丽娜老师从与家长交流的角度来讲述自己的教育故事；陈璋怡老师从班级管理的角度来叙述她的管理心得；潘丹丹老师从带领学生阅读和写作的角度来聊她的带班之道；叶雅丽老师从她和学生交往的角度来讲述她当老师的那些事；林玲老师从带毕业班的角度来谈她们的精彩妙招。有的老师特地化了一下妆，有的老师配了动听的音乐，还有的老师有意地以书架为背景，如此用心对待，完全出乎我的意料。

你们这般认真对待此事，真的，让我感到无比的欣慰！我很想跟学区领导争取一下，让我们做一次专场师德培训。当然，这是不可能的事情。不过，我向学区争取了名额，可以让三位老师参加。

不管怎样，总是会有人掉下的，大家也都知道会有这样的结果。没有被选拔上的老师，总会有些失落或者难过。每年的六月，总会有人失落，有人高兴。因为一年一度的师德考核、年度考核、先进推荐、教师调动等都在这个时间段。

作为校长，当然希望每个人都能事事如意。但是，这是不可能的事情。因此，就在这深夜，给大家写下这封信，聊聊我的经历，希望大家能够把结果看淡一点。

说实话，教书这么多年，我也曾经有一次，因为参加优秀教师评选没评上而感到一点点失落。在此之外，我很少在意这些事情。为什么会有这种心态呢？或许与我的性格有关，中考时，每一个同学出来似乎都在讨论，刚刚考场里哪一题做错了，哪一题忘写了。我从不讨论这个事情，考完了我就做其他事，至于结果，管他三七二十一。

即便是这样的"不在意"，还是让我获得了很多荣誉，如浙江省百姓学习之星、温州市优秀乡村教师奖、温州市优秀教育工作者、瑞安市十佳大队辅导员等。但是，所有的这些荣誉，都是在近几年或者说都是在教了十几年书以后才取得的。我没有去强求，没有去拉票，有的荣誉是它自己送上门来的，有的荣誉是领导和同事们的信任与厚爱。

在工作中，我慢慢找到了乐趣，一心一意投入到工作中去，努力把自己的工作做好。真的，许多荣誉自己会找上门的。我从来没有想过，我能评为浙江省百姓学习之星；我更没有想过，有一天市委市政府四套班子领导特地来慰问我；我也没想过，自己能以公派留学的身份赴新加坡学习。这一切，我都没有想过，可是，我都拥有了。

刚教书时，我被分配到碧山（原来是碧山镇）最差的一所村小，但是很快，我就进入了幸福愉快的工作状态中。第三年，我被调到了另一个村小，一教又是四年。谁不想调到镇小去呢？我也想啊！看着别人都调走了，自己心里也痒痒的。许多老教师总是安慰我："年轻人，是金子总是会发光的。"后来，我真的发光了。调到了镇小，又调到学区龙头学校。后来，市区的几所学校都有来电，想让我调入市区。原来，调动是那么难的事情，现在却变得如此简单。

在碧山小学当副校长时，我为老师们提供了许多市级公开课的机会，唯独我自己没有上过。我的市级公开课是在十六年后才上的，但是一上就是温州市级的公开课，还得到了温州教师教育院方老师较高的评价。

我反思自己的成长经历，越发觉得不必去计较结果得失，但是一定要在过程中努力；不要与人争，但是一定要与自己争。越是这样，越是能够让人成长得快！

老师们，你们现在机会要比我多。请好好珍惜机会，和时间做朋友，等待时间的回报。把结果看淡一点，一切都是时间的积累！

祝大家每天开开心心！

与大家同行之人　周国平

2018 年 6 月 14 日

教育即面子

亲爱的老师们：

大家好！

先讲一个小故事：某先生在俄罗斯访学，某天买了抽水马桶等待安装人员上门来安装。不久，门铃响起，打开房门，只见两位身着笔挺的西装、脚穿锃亮的皮鞋的男士。某先生刚来俄罗斯不久，没有什么朋友，怎么会有人上门拜访呢？他心中充满疑惑："两位先生，有事吗？""您好！我们是来安装抽水马桶的，请问您的卫生间在哪里？"两位男士回答。只见两位男士走进卫生间换好工作服，立马开始工作，安装完毕又换上帅气的西服告别主人。

不知这个故事是真是假。但从这个故事里我们可以发现，尽管人们有着不同的工作，而在一些国家，他们都没有瞧不起自己的工作或者别人的工作。每个人都工作得很有尊严。工作如此，生活亦是如此。虽然种族、肤色、性别和工作不同，但是每个人都过着有面子的生活。那是多么令人向往呀！

近日，我到杭州名校考察一周，收获多多。聆听了浙大附小（求是教育集团）校长郑仁东先生的报告，"教育即面子"这句话深深地触动了我，引发了我的思考。

从某种意义来讲，教育就是让受教育者能够有面子地过生活，并努力使自己过得更加精彩。但是，我们现在所做的教育基本上是让少数人有面子，让大多数人丢面子。郑校长在讲座中提到了他们集团的几所学校，每办一所都要求学校在杭州市的各类比赛和学业检测排名中排在前十名。我在反思：这样的追求是不是就是让我们的孩子有面子呢？我在市级比赛获得了一等奖，我很有面子。那么，我如果拿三等奖呢？我要是什么比赛都没有参加呢？我的面子往哪搁？

上周，一朋友的儿子参加学校举办的诗歌朗诵比赛。朋友参加后回来告诉我一件事：她问一家长，她的孩子抽的是几号。这个家长骄傲地回答："我们家的是主持人！"她的眼神、语气无不透露出她的那种自信和骄傲。的确，她的女儿既是主持人，又是比赛选手，而且这次比赛又获得了一等奖。后来据说，这个孩子很早就参加了外面的小小主持人培训。在这样一次比赛中，她包括她的女儿的确深感自己特有面子。但是，我想她的这种面子是建立在牺牲大部分孩子面子的基础上的。

我们总喜欢在一个班级里挑出谁是最好的，谁是校三好学生，谁是第一名；总喜欢搞出各种各样的比赛，让大家去竞争，去角逐出第一第二来。每个学期期末，学校总是要评选"三好"学生。那些"三好"学生当然很开心，可是那些非"三好"学生可就不那么愉快了。我想，这么早早地就让大部分孩子觉得自己是不行的，不是聪明的，这样的教育能培养出有面子的学生来吗？能培养出来的也就是那么一两个，而那一两个的"有面子"是真的"有面子"吗？

为什么我们会喜欢这样的一种游戏呢？因为我们在日复一日中已经习惯了这种游戏，从来没有人去质疑过这样的游戏是否给人带来伤害？你看，我们教师要参加各种优质课评比、学科骨干教师评比、教学技能大赛等等。当然这样的一种比赛，它的确能促使某些教师快速成长起来，但是对于大部分教师来说还是不能起到促进作用，甚至起到了反作用。

农村教师、薄弱地区教师普遍没有城区教师有自信和有面子。城镇的教师佩戴着红色的校徽可以自信满满地走在路上，而农村教师可能连校徽都不愿意佩戴。调到名校要有各种各样的证书，进入名校会有各种各样获取证书的途径，而在农村、薄弱地区学校的老师是很难有这种机会的。他们会越来越羡慕名校的老师。这无形中就给足了别人的面子，丢了自己的面子。

那么，有没有一种更好的方式来激励我们每位教师成长呢？当然有，内蒙古罕台新教育实验学校的干国祥校长不主张教师之间和班级之间的竞争。他认为这样的模式会让每个老师的个人特色由于榜样化和模式化的影响而消失殆尽。因此，他更多时候只是默默地观察老师和孩子们的互动，而不是评判或者纠正。在这样自由的氛围里，每一位老师都有施展自己的舞台，这才有了我们看到的那些丰富多彩的活动和成就。在他的学校里，类似"小桥音乐会"等各种学生表演活动，都是全体参与，没有一个是当观众的。

让每一个孩子都"有面子"，才是真正的"有面子"；让每个教师都像开始的故事里的"马桶安装工"那样体面地工作，这才是真正意义上的"教育即面子"。

祝每一位老师都有面子！

与大家同行之人　周国平

2018 年 10 月 18 日

什么是真正的自由

亲爱的老师们：

大家好！

本周给大家的一封信，我想和大家一起聊聊"自由"这个话题，希望能带给大家一些思考。什么是自由？关于自由，每一个人都有自己的理解。思考不同，所理解的概念也会有所差别。

有人认为，自由是一场说走就走的旅行；有人认为，自由是一种想干什么就干什么的快感；也有人认为，自由是一种遵循内心的呼唤。

那么，到底什么是真正的自由？更为高级的自由是什么？可能很多人对什么是真正的自由的理解是有所偏颇的。

有人觉得有了钱，就可以很自由了，想买什么就买什么，想去哪里玩就去哪里玩。但其实，多数人都成了金钱的奴隶，天天为金钱去奋斗，并没有获得真正的自由。电视剧《人民的名义》中那位受贿千万的国家部委处长，就是一个典型的"金钱奴隶"的例子。满屋子是贪污而来的金钱，他自己平时依然住在简陋破败的旧房子里，吃着普通人吃的炸酱面。

有些人，他没有很多钱，可是却真正成了金钱的主人，在金钱面前他是自由的，因为他内心很明白钱是赚不完的，赚来的钱只需满足自己的基本生活足矣。不需要整天为金钱而忙活，剩下的时间就拿来做自己最想做的事情。在瓦尔登湖，梭罗用自己的亲身经历证明，人只需要花几个星期的时间，通过种植生产马铃薯等农作物，就可以满足一年的生活需求。剩下的时间，则完全可以拿来做自己真正想要做的事情。

成为金钱奴隶的人，不断地赚钱，不断地寻找赚钱的途径。而在金钱面前保持自由的人，他知道除了金钱之外，还有内心深处最想做的事情。归根结底，被欲望控制的人，不能成为真正自由的人。真正自由的人，一定是在欲望之外有自己的精神追求。

三毛在撒哈拉居住期间，曾遇到一个黑人奴隶，在三毛看来他是不自由的，但是黑人奴隶却给三毛做了一个飞翔的动作，他告诉三毛，虽然自己身体是不自由的，但是他内心却可以翱翔天空。三毛被这个黑人奴隶追求内心的自由深深感动。当时，我看到这个故事，也被这个故事感动了好久。直至今日对此还记忆犹新。一个内心自由的人，是多么有力量呀！

身为教师，我们该拥有怎么样的自由呢？

在我们的工作中，几乎所有的老师都是不喜欢被管理的。只要有人管理，就觉得自己是不自由的，浑身上下都不舒服。可是，如果没有人管理，自己选择怎样舒服就怎样工作，甚至对工作敷衍。那么，这是真正的自由吗？

我想绝大部分人都是这样：只要让自己静心聆听内心深处的声音，一定希望自己是一个努力工作的人，一定希望自己在工作上有所成就。所以，一个真正自由的人，应该是遵循内心深处的声音，摆脱外在身体的束缚，做内心真正想要做的那些事情。

比如早上，内心深处的那个我很想早点起床，因为大家都知道早起有许多好处，可是外在的我，总是觉得多睡一会儿，就是赚了。如果被外在的我所控制，喜欢赖床，其实是不自由的，因为你想早起，却身不由己不能自己主动早起。

老师们，要想成为真正的自由人，我们该怎么做呢？首先，要从思想上形成认识，不是自己想要干什么就干什么，而是自己内心想要干什么就干什么。其次，我们要克服惰性，让真正的自由主导我们的工作和生活。最后，还得刻意练习，让内心的自由充分得到表达，做一个真正自由的老师！

最后，祝愿大家都能成为真正自由的老师！

与大家同行之人　周国平
2019 年 5 月 6 日

我们都在向上生长

亲爱的老师们：

大家好！

"百草皆为药，人人可成才"的办学理念，已经被学生、家长和老师们所熟知、所认可。"像小草一样生长"的校训，现在也深入每一个学生内心，学生们能够或多或少地感知这句话的含义和力量。

上周六，我们搬着小凳子，到城里秀一把，就是对这两句话最好的诠释。三百多名学生，以不同的方式在市玉海广场，秀出阳光自信的自己。舞台上，有葫芦丝、口风琴演奏，有独轮车骑行，有航模表演，有板蓝根儿童剧展演；舞台下，有阅读课程和百草园课程成果展示，有全校学生一起的晨诵表演。每一个学生都参与其中，每一个学生都在展示自己。

我始终相信，每一个孩子都可以成才，只是成才的方式不一样，所成的"才"不一样，就像每一株草都不一样，它们都长成自己该有的样子。

那天雨一直下，几个好朋友发来信息，问我们演出还进行吗。我的回答是：风雨无阻。

或许，在有的人眼里，下雨就太不给力了，家长会埋怨，老师会埋怨，学生会不开心。但我们的校训是"像小草一样生长"呀，小草会害怕下雨吗？它哪怕在石头缝里都还要向上生长呢！小草在生长过程中，自然是不惧怕风吹雨打的。或者说，风吹雨打本身就是成长的必需条件。

办学理念和校训，不仅是学生的精神力量，自然也是我们老师的精神力量。

前段时间，我们学校迎来了两个教育专家团，一个是以《温州教育》的编辑部主任林日正先生为代表的团队；一个是以杭州师范大学继续教育学院院长项红专先生为代表的团队。他们看完学校，再听我介绍办学的理念之后，分别送给我们两个字：一个是"震撼"，林日正主任惊叹于一所乡村学校，能够办得这样精致、有想法；一个是"敬佩"，杭州市教科所沈美华所长情不自禁地流露出她的感动，感动于全校的努力，大家没有抱怨条件差，而是积极主动地去改变。

我认为这就是百草精神，自由、独立、合作。就像那棵朴树一样，一粒种子落在那个角落，那么不起眼，但是始终要保持向上生长的姿态。几十年过去了，它成了校园的一道风景。它告诉我们什么是时间的力量，什么是百草之精神。

老师们，我们是乡村小学，我们的生源不好，我们的硬件条件不好，我们的资金不足。但是，请记住：我们始终要保持向上的生命状态。只要我们努力向上，就能让许多不可能成为可能。前几天，季信心老师激动地对我说："我们的学生是从零才艺，到现在的多才多艺。"是的，只要我们自己心中保持向上，学生就能向上生长。正如这次演出，如果没有这种自信和"霸气"，我们可以到城里秀一把吗？

我相信大家是不敢想象的，正是因为这种"霸气"，让老师们变得自信了，学生们也变得自信了。这里的霸气不是骄傲，不是自负，而是一种向上生长的姿态。我可以很丑，但是我可以很温柔。我可以不专业，但是我可以很积极，因为我有一颗火热的心。这种向上生长的姿态才是最美的姿态。

我曾经说过，我们要是不努力，这所学校一定不是现在这个样子。正是因为我们相信自己，相信向上生长的力量，才会有现在的样子。

老师们，四年前我就有一个梦想，我们这所学校是否可以更名为瑞安市百草园小学？当初只是一个梦想，不敢表达的梦想，但是现在，这种想法越来越强烈了。像小草一样生长，我们应该有自己想要长成的样子。我们的心中都要有一个百草园小学，还要有向上生长的那股劲。

老师们，为了这次演出你们付出了很多，但是你们没有一句怨言，季信心老师几次加班到晚上八点才回家，戴美珍老师为了让班级的男孩子能够登台演出，主动负责了武术表演队的工作。这就是一个充满活力，向上生长的团队！

愿我们继续努力向上生长！

与大家同行之人　周国平

2019 年 6 月 3 日

当高考成绩揭榜时

亲爱的老师们：

大家好！

时间一周一周地转动，不知不觉间就把时间给花完了。这几天，朋友圈里除了高考喜报，还是高考喜报。我的朋友来自全国各地，也因此看到了全国各地的教育喜报！

喜报里的教育局领导、学校校长和老师，以及学生和家长都喜笑颜开了。是的，不管是哪一方，三年的辛苦，就等待着这一天的到来。这就好比农民春天播种子，到了秋天自然期待丰收的日子。

高考结束后我的两位学生来看我，作为她们的小学语文老师，我深感幸福和自豪！这两位学生都就读某重点中学，她们很有缘分，从幼儿园一直到高中都是同班同学。小学时，这两个孩子就表现得非常优秀，成绩也不相上下，是班级里的佼佼者。说实话，孩子们的这种优秀，真不是我教出来的，是她们优秀的本性使然。

可是，我们总是喜欢把优秀学生的名字挂在嘴边，声称自己是她们的老师，而忽视了那一部分成绩一般的孩子。这几天各校的喜报也是如此，都只关注到了全校的那几名尖子生，而忽视了成绩一般甚至不好的学生。此刻，我在想成绩一般或者成绩不好的孩子，当他们看到铺天盖地都是学霸的好消息时，他们会怎么想？

两个孩子读同一个班，一个分数超出了一段线六七十分，一个刚好过一段线，按理说其实都挺不错的，但是，我能明显感觉到后者对成绩更敏感。那么，作为普通高中的普通学生呢？他们对于高考成绩揭榜，又是一种怎么样的感受呢？

我们是不是应该更加关注那些成绩一般的孩子呢？他们在我们的教育下，是否一天天变好？是否对未来充满期望和信心？

回顾自己带的那一届学生，我回想自己做了哪些至今认为该做的事情，又做了哪些不该做的事？那天，和两个学生在一家冷饮店，一边喝一边聊天，聊到了我给她们留下的印象。其中一位学生对阅读印象最深。她说她与其他同学相比较，她的小学时光是美好的，因为有阅读。她还清晰地记得我们一起读过的《青铜葵花》《窗边的小豆豆》以及《大学》《论语》等书籍，还记得我们班级的阅读交流会。

聊着聊着，突然进来我校一个一年级学生，见到我仿佛看到陌生人一样。我立马问她，为什么不向校长问好呢？这时，她的妈妈才开始教育她：要向老师问好。看到这一幕，两个学生异口同声道："不知道怎么回事，每一次见到老师，我们总是向老师鞠躬问好。"听她们这一说，我更加有成就感了。因为从一年级开始，我就训练她们遇到老师要鞠躬问好。当时其他老师都觉得我们班特别有礼貌，孩子们遇到老师个个鞠躬九十度。没想到这个习惯居然让她们保持到现在。

回顾自己的那些年，这些事算是做对了。做得不好也有，如当孩子们做错事的时候，我总是用自己的手掌去打他们的手掌，还所谓"打在你手上，你疼我也疼"。没想到的是，这种事情，两个孩子居然也记忆犹新。

总的来说，孩子们成绩的优秀绝对不是我教的，但是这些记忆都是我给的。

在高考放榜之际，我们在关注状元出自哪个学校，今年上清华北大的是哪些学生，哪个学校今年成绩好。其实我们真应该借此机会，好好反思我们的教育，我们到底能教他们什么？

高考已经放榜，中考成绩已经知晓，小学毕业班也已经结束。接下来马上就是其他年级的期末考。我们每一个人都可以回顾自己的这半年：做了什么？做对了什么？还需要如何改进提高。

祝愿大家都能成为孩子们印象中的英雄！

与大家同行之人　周国平

2019 年 6 月 24 日

其实都是在为自己

亲爱的老师们：

见信好！

通过三天的暑期集中培训，从大家的言行中，我看得出大家都已经进入工作状态了。我们这三天的培训效果还是很明显的。

这两天的饭桌上，我们又举行了"吃饭教研"，大家兴致不错，谈学校教育，谈子女教育，谈师生成长。每一个人都激情澎湃，期待更加美好的未来。

三年前，我曾经跟家长们说，你们把孩子交到一群每天都在进步的老师手上，还有什么不放心的呢？三天前，吃午饭时，叶荣老师十分感慨地对我说："我们的老师进步真是很快，这样的学习氛围，哪有办不好的学校？"

对，只要我们每一个人都能够以这种积极的心态，去面对每一天的工作，我们的学校一定会走得更快、更远。让我们一起办一所让自己的孩子放心读书的学校，那是很快乐的一件事。

还记得初中的一位同学曾经说过这样一番话，让我至今记忆犹新。他说，要是我把语文学得像语文老师那样好，数学学得像数学老师那样好，英语、科学都学得跟老师那样好，那中考就不用怕了。当时他说这番话，算是够幽默的。

但是，今天我拿来用到办学上，还真是很受用的。大家试想一下，如果我们每一个人都成为理想中自家孩子老师的样子。那么，办好一所好学校就简单了。体育老师扎扎实实教好每一个动作，音乐老师开开心心唱好每一个音符，语文老师认认真真做好每一次听说读写，数学老师机智幽默地教好每一道应用题，那样我们还用得着把自己孩子送到别人的学校去吗？所以说，办好一所能让自己孩子放心读书的学校，其实也是不难的。

当然，最重要的前提是我们愿意，我们彼此互相信任！

我们经常说，每一个人都不是一座孤岛。在我们这样一个小世界里，也是如此。没有人是孤岛，每一个人的改变和付出，都将使这个小世界变得更美好。反过来，看似每一个人的改变和付出都是在为他人、为学校而努力，其实不也都是在为自己吗？

以我为例，这么多年来，我的确为学校付出了很多，看似我为学校做出牺牲，其实我也为自己赚到了各种无法用金钱来衡量的收获。我们学校每年所做的事情，一点不亚于某些大学校。但是我们只有6位校委会成员，包括我在内。从这点来讲，我们的工作量是很大的。但是，每一次看到策划的方案、完成活动的效果，我们都能够感受到自己的付出是特别有意义的。就是在这样紧张忙碌的工作中，我们才有了最大的进步。

大家都很清楚，在我们学校当老师，比一般乡村学校老师都要辛苦。但是，我们也很清楚，我们的进步也比他们要快得多。

因此，看似为学校、为教育所做的一切，其实都是在为自己积累能量，都是在为遇见更好的自己积攒力量。

当然，我更期望的是：通过我们的努力，办一所让自己的孩子放心读书的学校。

老师们，学校教育，从根本上说就是一群积极向上成长的老师，带领一群孩子积极向上的过程。家庭教育，从根本上说也就是积极向上的家长，带领孩子积极向上的过程。

所以，不管是为学校的孩子还是为自己家里的孩子，我们都应该积极向上。唯有如此，方有教育！

祝新学期学有进步，愿新学期工作愉快！

与大家同行之人　周国平

2019 年 9 月 2 日

让工作变得有意思

亲爱的老师们：

大家好！

今天晚上，我接到了《教师博览》编辑的来信，告知我写的《把会议开得有意思点》一文将在第4期杂志刊出。说实话，这些文章都是一气呵成的，没有二次修改过。那么，为什么文章发表可以这样顺利呢？

真的是我文章写得好吗？

不是的，准确来讲，是因为我真实地写出了我们所做的有创意的事情。要想写得好，首先就得做得好。这是基本前提。上周会议上几位老师的发言，就是一个很好的例证。今年大家交上来的论文质量明显比过去要高。大家都知道，并非是自己的写作水平一下子提高了，而是自己在行动中更有想法了。

所以，我想和大家谈这个话题——让工作变得有意思点。

工作对于很多人来说，都是既爱之又恨之，爱的是它能给你报酬，恨的是它让你不自由。那么，能不能让这个给我们报酬的工作，变成我们享受的事情呢？

先说说上周的会议吧。教育局要求我们通过线上的形式，召集大家开一个开学前的工作会议。我就在想如何让这个会议不流于形式，要扎扎实实地开出我们的实效来。校长、主任轮流讲话的会议，在我们这里是不受欢迎的。

于是，我就开始策划这次会议。早在两个星期前，我就和张跃讨论过用什么样的方法让大家告别假期的慵懒，参与到开学前的工作节奏中来。所以，就有了她今天的《苏东坡传》分享。后来，我开始确定参与分享"空中课堂反馈经验"的教师人员，寻找共读的绘本故事《一本没有打开的书》，布置会前演讲任务等一系列工作。

到了星期一那天，我从早上一直到下午开会前都还在筹备这次会议。需要让分享老师提前熟悉 CCtalk 上传 PPT 和开关视频等技术的使用步骤。开会前，又让金洁老师逐个通知要发言的老师，确认是否都有安装相关软件，以确保会上能够不出差错。那天中午，我还特地洗洗头，让大家看着舒心一点。一切准备就绪，就等待大家的捧场。

那天的会议效果超出所有人的预想。

筹备这次会议我确实花了点心思，也花了点时间的。两次会议共读的绘本故事，我是花时间挑选过的。会一开完，海萍就向我要《图书馆的老鼠》的课件了。

开会，是学校太平常不过的事情。大多数人很少在开会上动脑筋，认为开会就是一人讲，众人听那个样子。所以，很多会议变成了参会者的一种负担，甚至是一种生命的浪费。一直以来，我们学校就是把会议开成教师成长的课堂。会议不是校长麦霸的时间，而是更多老师参与的学习时间。

更有意思的是，当我们把工作变得有意思时，自己的工作量明显就增多了。但是，我们反而不会去抱怨工作，因为这是大家自己愿意做的事。

行文至此，我虽然谈的是开会，但是相信大家一定会迁移到自己的日常工作上去。让工作变得有意思点，应该成为我们每一位老师的一种工作态度和精神！

昨天是"三八"国际妇女节，没有礼物给大家，在朋友圈里晒了几张照片，以此祝福大家节日快乐！向女教师致敬！

祝女教师们节日快乐！

与大家同行之人　周国平

2020 年 3 月 9 日

第二辑

教育管理有法

一个班级就是一个团队。管理不好就是一盘散沙，很难形成力量。为什么同样的班级，有的老师能带出好成绩，而有的老师则不能？除了教学技巧外，更为重要的就是管理。

好的管理，让学生愿意死心塌地跟着老师学，哪怕书教得不好，也没有关系。我们面对的是小学生，无论哪一个学科的老师，都不能上完课拍拍屁股走人。因为这样只有教学，没有管理，学生也就不理你了。

更重要的是学会管理自己。一个人，首先要管理好自己，才能管理好一个团队。每一个老师，都担负着管理他人（学生）的重任。因此更要好好学会管理自己。

煮好身边的石头汤

亲爱的老师们：

见信好！

我们二楼书房已经差不多完工了，大家可以经常去书房找本书来看看；或者相约到书房里喝杯茶。我们的书房虽然没有那么高大上，但它还是很温馨的。如果您拿一本书，泡一杯茶，再拍一张照发到朋友圈，一定会有许多人点赞和询问：这是你们学校吗？

或许大家早已经忘记这里曾经是什么样子的。这里曾经是个空落落的杂货间，门口杂乱无章，楼梯满是垃圾，经过大家的共同努力，现在显然是学校最美的地方。三年前，有人想过这里有一天会成这样吗？老师们，很多事情，真的是需要我们去想的。因为只有想到了，才可能做到。这个书房就是很多老师想出来的，他们一点一点地想，然后一点一点地做。整个过程，他们就是在煮一锅石头汤。

从起初的讨论，到后来的设计方案、购买材料、粉刷和安装等，每一个人都把自己的力量贡献了出来。有的把自己家里的小装饰品搬过来；有的把家里的茶叶贡献出来；有的把自己公司里的工作台拉过来；还有的为书房添字画。自己动手改造出来的书房就这样温暖地展现在我们面前了。老师们总是时不时会去书房看看。如果地面脏了，就会拿起扫把扫一扫，物品乱，就动手理一理，就好像是自己家里一样。

当我们对待一件事情用心了，自然而然就会产生感情。当大家在用心整理书房时，自然而然地就对书房产生亲切感，越做越有味道。最后自然就会有家的感觉。石头汤不就是这样煮出来的吗？大家在付出自己的辛劳或东西时，同时也在付出自己的情感。

有人算过这样一笔账：如果一个人寿命80岁，20周岁左右参加工作（我们过去参加工作都是20岁，有的甚至更早），60周岁退休，那么他在单位工作的时间将长达40年或以上，而退休之后就只有20年了。从这几个数据来看，人大半辈子都在单位。从这个时长来看，我们在单位的幸福指数往往就决定了我们人生的幸福指数。

如何提高我们工作的幸福指数呢？第一就是要提升我们的专业能力，更加用心地投入工作；第二就是要与同事融洽相处。可是，我有一个很不好的感觉，如今的同事关系越来越疏远。同一个单位，大家都只关注着自己的生活圈和"朋友圈"，同事见面不打招呼变得很正常了。这是多么可怕的事情，就像是《石头汤》里刚开始的样子，颜色灰得有点冷，村里安静得有点可怕。其实，我们每一个人都希望有一所学校，像家一样温暖。但是这个"温暖"，不是某一个人就能为大家营造的，而是需要大家付出时间，付出情感的。

什么是石头汤？石头本无味，因为有了人情，石头汤变得极其美味。我们的学校要煮好这一大锅汤，还需要不少调料呢。

祝大家快乐工作，愿我们每一个人都能喝到一碗美味的石头汤！

与大家同行之人　周国平

2016年6月20日

过好值班的这两天

亲爱的老师们：

大家见信好！

在这炎热的日子里，又想着给大家写一封信。

时间这东西是不是会随着年龄的增长而加快呢？今年这个暑假，就只去了湖北，来回 6 天的时间。老师们，时间不等人啊！好好珍惜每一天，过好每一天才是真理。

假期里，每位老师都轮到了两天的值班，如何把这两天过好呢？我看到了许多答案，想和大家一起分享。从此刻往前倒推，近两天是我们的陈书记在值班。他到学校的第一件事，就是给校园里的植物浇上水，不单单是教学楼还包括书房门口的金银花哦。他说，教师书房门口的那些金银花，是最容易被大家忽视的。然后他才回到办公室，打开电脑做事。中餐是自带的干粮，第一天就是这样值班的。

徐燕老师轮到值班的时候，先到学校看了看果树，拍了几张照片发到群里。她第二天值班的那个下午我和国栋也在学校。我们处理自行车棚搭建的相关问题。近四点了，我对她说："要不和我们一起走吧！时间也差不多了。"她笑笑说，我再坐一会儿，写点东西。后来，她把写的东西发给我了，原来是她的假期读后感。读了一刀兄的《跟禅师学做教师》的心得体会，写得很好！

郑洁的值班可是全家总动员。那天，我在他办公室，和他们一家三口聊天，其实主要是和她儿子聊天。我想，带着家人来学校值班也是挺不错的主意哦！坐在他办公室，我感觉不到是假期里坐在办公室里的感觉。因为一般到了假期，办公室里总是作业本、期末练习等堆得到处都是，座椅上满是灰尘。但是，他们办公室却非常干净整洁，就好像坐在他们家里一样。尤其是，当我离开时，郑洁带着家人走出门口对我说："校长，您慢走！"哎呀，你不知道，就是这样一句话，让我好感动！

再看看周翔的那两天，第一天是桐浦镇里的征兵工作，他时不时需要帮助一下，这一天过得特别快；第二天，我看他带来笔记本电脑，在办公室为他们暑期的台湾之行做详细的自助游攻略。我想这样的一天也是过得特别快的。

当然，他们每天还得做一些常规的值班工作，我就不一一叙述了。列举了这样的值班故事，是不是感觉到两天的值班也是挺好的一件事呢？这让我想起了作用力与反作用力的关系，当你对某一件事产生厌烦，这件事也会对你产生坏的情绪。因此，我们要想对自己好一些，就得对我们所面对的人、事、物好一些。

假期已过半余额已不足，愿大家都能让自己的假期过得既有意义，又快乐。别忘了，我们约定好的读书哦！

过好值班的这两天，就是过好自己的当下。

祝各位都过好值班的这两天。

与大家同行之人　周国平

2016 年 7 月 30 日

即将开学了，我们准备好了吗

亲爱的老师们：

你们好！

两个月的假期很快就要结束了，在这段时间里，每位老师都有自己精彩的故事。有人夫妻双双把台湾游；有人"撇下"另一半独自"离家出走"；有人待在家里带儿孙；也有人趁着暑期去参加兴趣班。当老师，真好！可以有这样的时间，让我们做自己喜欢做的事。如果能够把暑期里的故事，以文字的形式做一些记录，那何尝不是一种幸福？

今天已经是 8 月 15 日了，离暑期师德培训只有十天左右时间，大家该要整理整理心态和生活状态，准备迎接新学期的到来。

一

前几日，从张文质老师的朋友圈里看到这样一句话：你一年总要读一本书吧？我想把这样一句话送给老师们：你一个暑假总要读一本书吧？

放假前，发给每位老师一张购书券，就是想让大家在假期读书的。我很期待阅读大家的读书体会，尽管我们不一定写得都很好，但这些文字都是属于自己的。每一次阅读这些文字，总是一种精神上的享受。如果看到从网上复制来的文章，那真的是非常反胃的事。这一年中，这样的文章我也看到几篇。真心希望不再有！

二

睡觉睡到自然醒，甚至自然醒还不醒，这是许多年轻人的作息习惯。也许我们有的老师也会有这样的习惯，希望这十来天大家能够把自己的生物钟慢慢调整过来。

有人说，早起的鸟儿有虫吃。的确如此，早起不仅让我们有更多的时间，更让我们有了健康的体魄。按照中医来讲，气血循行在卯时（上午五点至七点）走到大肠经，此时应该是人体排便时间；辰时（上午七点至九点）走到胃经，此时应该是最佳的早餐时间。因此，古人才会有"一日之计在于晨"之说。

三

8月初，我写了一封信给学生家长，提醒家长们要关注孩子们的暑期作业完成情况，大家想必都读过了。可是据我了解，至今还有许多学生没有及时完成作业。作为老师，在管理好自己暑期的同时，是不是在开学前，给我们所教的孩子也发一条短信，提醒一下他们按时完成作业。如果每一位老师都通过校讯通或者微信群，让学生家长感觉到我们在关注他们的孩子，我相信他们也会更加重视孩子的学业的。这也必将给我们今后的教育教学工作带来更多方便。

四

在开学来临前，大家是否可以想想，新学期能为学生们做点什么，或者为自己做一个简单的规划。一个提前做规划的老师，到了开学那一天必定是充满信心的。反之，一个没有计划的老师，到了那一天会感到匆匆忙忙，更重要的是匆匆忙忙背后，是学生的无头绪，家长的不信任。

每年开学第一天，家长和学生尤其是一年级家长和孩子都早早地站在门口，等待着老师的安排。他们在等待中，一眼就能看出平行班哪个老师出色一些，哪个老师稚嫩一点。所以，大家的提前准备特别重要。

老师们，我们的硬件设施已经基本够用了，在下一阶段，我们将更多地为大家提供各种教师成长的学习机会，希望大家能够抓住成长的最佳时期，好好成就自己！

祝大家心情愉快！

与大家同行之人　周国平

2016 年 8 月 15 日

班风是怎么建设起来的（1）

亲爱的老师们：

大家好！

在开学之始，我想和大家谈谈"班风是怎么建立起来的"话题。从班主任到大队辅导员，到政教处主任，再到副校长，我一直都是从事德育工作。今天当校长，更是德育工作的主要负责人。我从自己的亲身经历以及观察身边同事的一些做法，来分享一些心得体会，希望能够引起大家的思考和共鸣。

我曾经带过一个班，从一年级到四年级，整整四年，后来因工作调动，没有带到毕业。或许，这会给我留下终身的遗憾。这一届学生已经上了初中二年级。一天，在街上碰到了这个班 A 同学，他见到我，给我深深地鞠了一躬："周老师好！"因为之前我是大队辅导员，几乎学校里所有的学生都认识我。在街上跟我打招呼的学生相对其他老师也会多一些。但是一位已经上了初二的学生，见到我仍然向我鞠躬问好，实在让我好感动！

这让我想起一年级时的他们。那时，在他们意识里老师都是女的。到了小学，突然来了个男老师，他们都很惊讶和不习惯。有的父母还试想通过认识的老师请求学校领导要求换班。我就是这样开始教一年级，当班主任，当大队辅导员的。也就是从教这个班开始，我慢慢地走上幸福教育之路。

一开始，我就非常注重训练学生和别人打招呼。有的老师让学生见到老师行少先队礼，而我却是让学生行鞠躬礼。因为全校就我们班行鞠躬礼，因此许多老师经常对我讲：你们班学生真的很有礼貌。当自己的学生被别人表扬的时候，作为老师，我心里多少还是自豪的。当然，每一次别班老师的表扬，我都会转达给我的学生。就这样，我被老师们激励起来了，学生又被我激励起来了。向老师行鞠躬礼成了我们这个班的打招呼特色。

细心的老师，已经注意到我前面用了"训练"两个字。许多老师经常抱怨：我也是天天说呀，学生就是不听。大家要知道，我们都是成人，有许多道理从小到大，听了几百上千遍，至今都还没有做到。所以，"说过"不一定学生就能"听进"，"听进"不一定学生就能"做到"。许多习惯的养成都是训练出来的。

我每一次进教室，都会先看学生们的桌椅是否整齐。一年级的学生太小，我就一张一张地去挪。后来渐渐长大了，我一进教室，学生就会下意识地自行检查桌椅，有的还会像泥水匠一样，用眼睛目测桌椅是否摆放整齐。我想良好的班风就从这些具体的细节做起，一件一件做，最后自然就形成了。我是一个不十分强调成绩的老师。因此每年插班生转入时，其他班主任不要的学生，都是我接收的。但是除了期末平均分和第一相差一两分之外，我们在许多方面都是第一：校运会时，团体总分全校第一；广播操比赛段里排名第一；唱红歌合唱、诗歌朗诵比赛第一；更可喜的是今年中考由我们班毕业的上瑞中的学生人数也是第一。

这是我自己带的班，说起成绩来会有吹牛之嫌疑。那么接下来一起来看看身边同事的经验分享。

过去有位老同事，普通话不标准、文凭不高，但是她所带的班级，成绩优秀、五项循环竞赛锦旗最多、运动会团体总分最高，这是为什么呢？

后来，我发现她每新接到一个班级时，都特别用心和认真。每天早早地到教室，训练学生如何早读、如何当小老师。学生做不好，她会比较严厉地批评。经过一段时间后，她就开始慢慢放手。等到小老师也能够自行管理班级了，自然她所带的班风就出来了。虽然有一些做法我不大赞同，但是她的确把一个班带好了。

她的工作总是得到学生家长的认可，每年插班生转入时，家长们都想通过关系插到她的班。我还经常看见她手提一篮子的本地鸡蛋或者自家种的青菜。这些都是他们班学生家长送的农家特产。我想当班主任，这也是件很幸福的事吧。

祝大家新学期都能成为良好班风的引领者。愿老师们工作愉快！

与大家同行之人　周国平

2016 年 8 月 25 日

班风是怎么建设起来的（2）

亲爱的老师们：

你们好！

上一封信，谈到了我对班风建设的一些想法。今天想谈谈我在暑期看到的一些现象，来分析我们的班风建设。

暑假里，我们请木工把所有的桌子都重新修了一遍。在修理的过程中，我发现每个班级的桌子损坏程度都是相当厉害的。当然，这里面有桌子质量的问题，我们暂且不谈。我想与大家聊的是有个别班级，每一张桌子的抽屉里都有很多东西：垃圾、废纸、书本、杯子等，就连木工师傅都看不下去了。他说这个班级孩子肯定调皮一点。这个木工师傅是我们学校的学生家长，评价还是挺客气的，没有说老师的责任，而是说学生调皮。学生很大程度上是老师的复印件，我不知道等下一个班级来接班的时候，会是怎么样的感受？我记不得是哪一封信，曾经提到过培养孩子习惯的问题。学生习惯问题不下点功夫是不行的。

曾经见过这样一位老师，她比一般老师要多一些培训机会，上的课也得到了教研员的欣赏，在外人看来她是一名挺优秀的老师。可是，她所教的班级成绩并不好。为什么呢？我走进她的班级才知道原因，毫不夸张地说，我根本就不想进去：讲台桌上粉笔灰一层；丢弃的红领巾被当作黑板擦，实在让人生气；学生的桌子歪歪斜斜的；地面一层泥垢再加许多废纸，那个脏乱真是惨不忍睹！

试想，这样的班级哪里会有好的班风呢？学生成绩怎么会好呢？

暑期里，和大家共读的《教师的力量》中有一篇"怎样维持课堂纪律"，不知道大家读后有没记住这句话："事实上，有效的纪律教育从课堂以外开始，从卫生不留死角开始，从作业必须工整开始，从叠被子要整齐开始。总之，要从一切生活的细节开始……所有的细节加在一起就形成了完全不同的班风。"文中还列举了军队的内务整理来说明。读后，我深有同感。

一个学校的校风是由一个个班级的班风组合形成的。在新的学期里，大队部将会采取一些举措，帮助大家形成良好的班风，但是老师们自己则更需要努力。每一位老师，都应该是班风建设的指导师。在你的课堂里，你就有义务把一堂课的班风带好。作为老师，绝对不能够在教室里玩手机，绝对不能以"大家自由活动"来作为一堂课的课程内容。

当然，班主任更有责任。班风好不好，最直接的力量来自班主任。我们的努力，就是孩子成长的动力。班主任就像是孩子们的妈，有怎样的妈，就有怎样的孩子。作为家长，一定都希望自己的孩子，遇到的是一个好"妈"，而不是"后妈"。班风建设，我们需要用心，再用心，别无他法。

最后，我想还是强烈推荐一本书作为这封信的结束语。读一读苏霍姆林斯基的《给教师的建议》吧！读不下去也要啃，一页一页地啃。

祝各位日日新，又日新！

与大家同行之人　周国平

2016 年 8 月 25 日

学会打招呼

亲爱的老师们：

大家好！

本周给大家的建议是——学会打招呼。这个话题似乎看起来很可笑，因为我们都是成年人，怎么可能不会打招呼呢？我想和大家分享几个案例。

多年前，我还是一名中层干部，有自己的独立办公室。一天上午，我上完课从教室走回办公室，看见我的座位上坐着一位刚分配来不久的老师。他正用我的电脑在做着什么。于是我就站了一会儿，等他先用完电脑。有意思的是，这位老师用完电脑后，没有说任何一句话，就离开了我的办公室。

而我想象中的情形应该是这样的：当我走进办公室，这位年轻老师会连忙说，不好意思，周老师，可否先借用一下您的电脑？然后，我们会客客气气地聊几句。当他离开的时候，一定会跟我说：谢谢！

曾经到过一个办公室吃饭，我坐在最里头的一张办公桌，外头来了几位老师围坐在一起，一边吃一边海阔天空地聊。好几次，我想插上几句，但都失败了。因为他们的眼神和肢体从始至终，就没有想着让我这个"外来"（不同办公室）老师，介入他们的话题圈。不知道大家面对这样情形，会是什么感觉？我当时觉得有一种被遗弃的感觉，好郁闷，好尴尬。

我想当其他办公室老师来访时，作为本办公室的老师，是不是应该主动热情地打声招呼呢？答案应该是肯定的。为人父母的我们，总是教育自己的孩子，见到客人要主动热情地打招呼，孩子偶尔忘记打招呼了，我们还会对其教育一番。但是轮到要求自己的时候，早已忘记了自己曾经说过的话。

作为老师，学会打招呼真的特别重要。

当路上遇到家长或者家长来校时，如果你能主动和家长打招呼，一句"您好！"或者一个"微笑"，必定会给家长留下良好的印象。良好的家校关系，可能就因一个招呼而建立起来了。

早上来上班，当学生向我们敬礼问好时，我们要是能够面带微笑地回答一声："你们好！"这些孩子在今后与人打招呼时，将会更加卖劲。久而久之，他们必将养成乐于与人打招呼的好习惯。

学会打招呼，是老师待人接物与人交往的基本礼貌和习惯，是一门必修功课。

祝大家每天面带微笑！

与大家同行之人　周国平

2016 年 11 月 28 日

让示范先于管理

亲爱的老师们：

见信好！

本周给大家的建议是——让示范先于管理。

曾经遇见过这样一位年轻班主任，她在带领学生参加集会或者升国旗仪式时，对学生这样说："同学们，老师站在你们前面和你们一起参加集会，请你们和老师一样做到不讲话、不乱动，我不会转身去管你们，请你们自己管好自己。"我很赞同这位老师的做法，这就是"身正为范"。

我今天特别想用非常普通的文字来提炼她的做法——让示范先于管理。

不论是管理班级，还是管理教师队伍，有些领导和老师总是喜欢口头上说得一套一套的，但就是从来没有自己去做。这样的管理，你的口才再好，你再唠叨，这个班级或者是教师队伍都是管理不好的。这样的例子太多，经常听到某些领导在台上要求老师们该如何如何做一名教师，可是下了台，他自己却是什么也不做。

有的老师，要求学生在升国旗时不要讲话，可是自己却和别的老师三五成群有说有笑地谈论着；有的老师，让学生大扫除，自己是最高指挥者，从来没有让自己的手弄脏过；有的老师，要求学生阅读，自己却捧着手机在刷微信。我想，这样的管理效果是很难达到让人满意的程度的。

反之，则全然不同。

每一次大扫除，如果老师们和学生们在一起拖地、擦窗户，学生们就会干得很起劲，老师们也很快乐，打扫得自然就更干净了。我们在推动学生阅读方面依然是如此，有心的老师总是很乐意和孩子们一起阅读一本书或者和学生进行阅读比赛。这样的推动，老师会觉得有参与感，学生会觉得，老师都在读，我也应该要读。

老师们，作战时有身先士卒之说。抗战期间国民党军队指挥官会说"给我上！"而八路军的指挥官则说："跟我上！"这是两种完全不一样的指挥风格，所以也就产生了两种完全不一样的结果。我们做教育也是如此：不管是管理一个班级，还是管理一个团队，很重要的一点，就是要从我做起，让示范先于管理。

"给我上"的管理方式，一定是不长久也是不得人心的。管理的方式会成为一种文化，如果都以"给我上"的管理文化，所教的学生未来也是"给我上"的思维。我们面向的是学生，我们用什么样的管理方式，就会有什么样的未来人才。

作为校长，我很清楚。如果想让老师阅读，就必须自己先阅读；如果想让老师们早到学校，就必须自己先到学校。依此推理，作为老师，如果想让学生热爱劳动，自己首先要热爱劳动；如果想让学生不迟到，自己首先要准时到。

让示范先于管理。

愿老师们用心示范，做个自律的好老师！

与大家同行之人　周国平

2016 年 12 月 5 日

结束，是不是另一个开始呢

亲爱的老师们：

你们好！

当你们看到这封信，我们的寒假结束了，挑战 15 篇也结束了。时间就是这样，当你回首往事时，有人会觉得一个寒假就这样匆匆过去了；有人会觉得这个寒假过得很充实。应该说这个世界上最公平的莫过于时间了。

这次活动，由于有几位外校老师的参加，立即变成了跨学区的"市级"活动，彼此在文字中相识，也算是以文会友吧。原本以为可以安排一次大家相聚的活动，但是发现大家都很忙，就取消了。我始终相信，我们今天所做的，就是为了今后的有缘遇见。就像江湖一刀（谢云，知名教育学者）说的："国平，就你这样的性格，我们注定是会相识的。"的确，有些人的遇见就是自己努力的结果。因此，特别希望我们能够再次有这样的美好相遇！

这个活动让我变了很多，我不再追剧追到半夜，不再吃喝玩乐到深夜，为了写作，我把儿子哄睡着了，起来写至夜深；为了写作，我晚饭后就坐在电脑前或捧着手机写文、看书；为了更好地写作，我看见有好书推荐，就去了解是否自己喜欢。寒假里，一共买了二十多本书，购物车里还有好多书想买。

——挑战者戴晓珍老师的留言

我很感谢有人推荐我参加了寒假挑战 15 篇的活动，因为这个偶然的决定，我无意间收获了很多。校长您是一个有思想、有梦想、有棱角的人！一个人，一件事，却改变了一群人……

——挑战者张津老师的留言

寒假里，看着大家这么一篇篇地坚持写，我跟老公也有想看书的欲望了，于是决定两个人坚持一个月看完一本书，也要写一篇读后感。

——越读居读者陈婷的留言

这个寒假我也成了越读居的读者，真心为你点赞！很好奇，周校长是怎么做到让老师们主动挑战的？

——朋友圈同学的留言

一个寒假，我的朋友圈每天呈现的都是老师们挑战的文章。虽然每一次都得花时间去编辑，但是这项活动所带来的愉悦感，使我非常乐意这样去做。说实话，做这次活动最大收获的是我自己。通过这样一次活动，我一共写了17篇文章，胜利完成了挑战任务。更让我重新梳理了，我当校长一年多来的所思与所为，完成了《我这样当校长》的六篇文章；也让我看到了《每一个人都有无限可能》。寒假是一个长假，也是我们亲朋走动最忙碌的时间段。在这个走亲访友的过程中，吃喝玩乐成了主要的生活方式，要想腾出时间来写作，那真是得下大决心的。让我很有成就感的是，各位都能和时间做朋友，来挑战15篇。

如今，有人在欢呼：终于结束了，我的15篇。是的，挑战成功的人，有一种解放了、成功了的成就感。作为发起人，我由衷地感谢每一位挑战者，祝贺每一位挑战成功的老师。与此同时，我又在想，这个活动结束了，是不是有另一个活动开始呢？有没有可能，通过这样的一次挑战，让我们养成了读读写写的好习惯呢？我真的很期待。

新学期已经向我们走来，当要求学生写日记、写作文时，我们是不是比以往更加有自信，更加有底气了呢？希望诸位在日常的教育教学工作中，能够一直保持一种师道精神——言传身教。

挑战15篇结束，应该会有更多另一个的开始！再次感谢这个寒假诸位的参与与同行！

祝各位新学期快乐！

与大家同行之人　周国平
2017 年 2 月 11 日

习惯成自然

亲爱的老师们：

新年好！

一放假，一开学，一年就过去了。我们带着假后上班恐惧症迎接新学期。刚开学那会儿，我有个同学发了一条朋友圈：都教了近二十年的书了，但是临近开学，还是莫名地紧张和恐惧。说实话，尤其是这个正月，我也是如此害怕开学。

不管紧张与否，开学总是要开学的。不过这件事却给人一种思考：人似乎就是凭习惯做事，而且从忙碌到悠闲容易适应，反之则困难。假期里，有位老师看了一部电影《肖申克的救赎》，写的观后感中提到："影片中主人公瑞德出狱后，反而不适应自由人的生活，不喊报告，小便也拉不出来。"因此，我们应该充分认识到人性的这个弱点，尽量建立起好的习惯。

开学的前一天，戴晓珍老师值班，发现班级里的桌椅全部在隔壁班，她一个人把所有的桌子椅子全部搬回来，而且还摆得整齐有序。我想这就是习惯的力量。一个习惯了整齐的人，是见不得教室里乱七八糟的。徐祥平老师从去年寒假开始，就坚持每周阅读一本书，一直到现在。陆壹老师决定这个学期，每个月给学生家长写一封信。张丽娜老师负责的课题组成员，假期里持续给孩子们录制音频故事。我相信，这一切好习惯都必将对我们自己及对我们的学生，产生巨大的作用。或许，将来的某一天，我们所教的孩子中就有那么一两个，会回来告诉我们：老师的这些习惯影响了他的人生。

从去年临近期末开始提出想法，到这个学期第一周布置下去的"每月一件事行动"，就是一个建立好习惯的平台与措施。我们都知道，一个习惯的养成至少要二十一天左右。这个道理似乎谁都懂，但是很少有人去做。就像阅读，每个人都知道阅读很重要，但是又有多少人去做呢？昨天在看一本《怎样读书》，现代作家、翻译家章衣萍先生回忆胡适先生告诉他，要"克期读书"，就是要在规定的时间内读完一本书。那么，我们的每月一件事，也应该是要"克期做事"的。

当然，每个人都可以根据自己的喜好以及做事的风格，来决定自己的每月一件事。"天下大事必作于细，天下难事必作于易"，做任何事情，都是这个道理。作为老师，我们要是把这个活动做好了，完全可以在班级里同时开展"师生共做一件事行动"。

亲爱的老师们，习惯成自然。在新学期开始的第一周，我们将以全新的姿态和面貌，来迎接更优秀的自己。让习惯成就我们的优秀，让优秀成为我们的好习惯！

祝各位老师新学期，新气象！

与大家同行之人　周国平

2017 年 2 月 15 日

学高为师，身正为范（上）

亲爱的老师们：

大家好！

本周想和诸位聊聊"学高为师，身正为范"这八个字。这八个字是我曾经就读的浙江省平阳师范学校的校训，后来得知是陶行知先生的名言。当初学校的正门喷泉中还有陶行知的塑像，塑像上有这样一句话："捧着一颗心来，不带半根草去。"读书时的我，看到这些似乎没有任何感觉；如今当了老师，做了校长，这些东西却时常影响着自己。

学高为师，意思很明了，作为老师要"学"字当头。一个老师只有会学习，爱学习，才能真正够得上"老师"的称谓。如今，教师的学习机会可以说真的是很多。除了学校规定的学时平台上的学习外，还有许许多多社会机构及网络提供大量的学习资源。真心想学习的人，学习的机会是无处不在的。但是，世间一切总是爱开玩笑的。当学习的机会来得太容易，老师们是不会去珍惜的。有的老师，经常在外面培训，准确地说是出去休闲娱乐去的。组织者好不容易邀请到了省里来的专家，他却戴着耳塞在看手机。有的老师，甚至借着培训学习的名义，约上三五好友或同事出去旅游，还美其名曰——劳逸结合。

当然，劳逸结合是需要的。作为老师难得有机会外出学习，应该趁着这个机会到当地走走，体验不同区域的文化，这也是学习方式的一种。比如去拜访当地知名文化人士或者名人故居，去逛逛当地的书店，去看看独具特色的建筑物等等。这样劳逸结合，必定会扩大我们的视野，提高我们的审美欣赏能力，促进我们的教师专业成长。都说要给学生一滴水，老师自己要有一桶水。过去的年代，老师几乎是一本百科全书，上知天文，下知地理，无所不通。对于小学老师而言，真的需要什么都懂一点。否则，一问三不知，学生自然不会佩服你。这样，教育还没开始就已经宣告失败了。前段时间，我应邀参加了《未来教育家》主办的一个活动，和各地的教育工作者们畅谈未来的教育。大家都在讨论，在人工智能时代，教师还要不要存在，或者说未来需要什么样类型的教师。最后，大家形成了一个共识：未来一定是需要教师的，但一定是善于学习、学生喜欢而且富有趣味的老师。那些不学习或者说不爱学习的老师，在未来社会里，注定是要被淘汰掉的。

其实，谁都知道学习的好处。只不过，韩剧太好看了，有的老师追韩剧可以追到深夜；只不过，手机太有吸引力，我们每天睡觉前要是不看看朋友圈，似乎就缺少了什么似的。老师们，生活中诱惑太大了。因此更需要我们能够对自己狠心点，静下心来好好聆听内心的真实需要，好好想想我们要成为什么样的人。

苏霍姆林斯基在《给教师的建议》中说，年轻的朋友，我建议你每月买三本书：一本关于学科方面的书，一本励志方面的书，一本关于人的心灵的书。这样每过一年，你的科学知识都会变得更丰富。你才可以说：为了上好一节课，你是一辈子都在备课的。看完这段话，我们对学习是不是有了很清晰的脉络呢？阅读一定是教师成长的捷径，也是最经济实惠的学习方式。

随着对终身学习的重视，许多机构都纷纷推出公益的培训和学习班。我想最适合我们的应当属图书馆做的一些培训。上周四晚上，他们邀请到了百家讲坛的鲍鹏山老师来讲《水浒和人生》；这个周末，温州市图书馆推出了温州市第三届亲子阅读推广公益培训，邀请到了著名儿童阅读推广人阿甲等几位专家亲临现场授课。这样的培训，不仅对我们自己的专业成长有利，也为我们成为好爸爸好妈妈提供了平台。更重要的是，你到了图书馆才发现这里有许多爱读书的人。这样的氛围，这样的榜样，也会影响着我们学习的积极性。因此，我建议大家要多去图书馆，多关注图书馆的一些活动。让逛图书馆，成为我们的一种生活方式。

总之，学习对于我们来说就应该像呼吸一样自然。当学生走过窗前，看到的应该是学习者的姿势，而不是拿手机刷屏的动作。学高为师，学无止境，愿我们都成为学习型的老师！

祝大家工作愉快，学习愉快！

与大家同行之人　周国平

2017 年 5 月 3 日

学高为师，身正为范（下）

亲爱的老师们：

大家好！

上周我们一起聊了"学高为师"的话题，季信心老师在回信中，谈到自己毕业后就停止学习的状态，又从《过去的课堂》中找到自己学习的方向，并期望自己能够以"学"字当头，让自己更进一步。我始终保持每周给老师们一封信，并不是我有多能写，更非我多有水平，而是期望能引发大家的思考和交流。希望持续专注地做一件事的态度能够感动大家，让大家共同朝着明师的方向努力，再努力。

本周想和大家探讨的是"身正为范"。"身正"主要是体现在老师的言行举止上，它是教师良好人格和高尚品格的具体外化。一个拥有一身正气的老师，对学生的影响大概要远远超过这个老师所教授的知识。因此，"身正为范"这一点对老师而言太重要了。不管是作为老师还是一个普通人，首先必须"身正"，然后"为学"。

儿时经常唱《每当我走过老师的窗前》"那明亮的灯光照耀我的心房……"。读小学一二年级时，教我们语文的是一位民办老师，她住在学校里。每天晚上都会到村子里走访我们学生家，看看我们的学习情况。印象最深的是她经常在房间（那时教师似乎没有办公室，外地的老师都有一个房间，这个房间就是老师工作和生活的地方）里，戴着眼镜，手握红笔，一页一页地批改着我们的作业。我是班长，经常有机会站在老师身边，老师一边批改，一边跟我讲解题目。那时，真觉得老师是天底下最好的人。四年级时，遇到一位数学老师。她每年冬天都会生冻疮，手指头肿得就像是开始腐烂的胡萝卜似的。过去没有幻灯片，也没有投影，她每一节课都要写满整整一块黑板，经常写一下，就用嘴对着手指头哈气暖和一下。看到这样的情景，我坐在底下，有一种特别强烈的想法：老师这么用心教我们，我一定要好好学习数学。

我们经常走过老师的窗前，经常看到老师备课、改作业、刻试卷、看书以及和学生聊天的画面。我们初中时有一位老师，天天在房间里读书、学习英语，后来考进了某个大学读研究生。那时在我们农村，在职老师再去读研究生是天大的事情。这件事当时对我们的影响非常大，许多同学因此变得更加努力。

《论语》有云：其身正，不令而行；其身不正，虽令不从。我想大概就是这个道理吧，上述老师的一些做法，或许对他们自己而言是极为平常的，但是让我这个学生至今记忆犹新，且一定在某个时间段发生过连我自己都不知道的榜样示范作用。

如今作为管理者，看到许多老师兢兢业业，一心扑在教育事业上；也看到一些教师经常迟到，还有的甚至连学生的作业都不批改。都说教师这个职业是一个良心职业，可是这良心饭如何去衡量呢？谁会认为自己没有凭良心做事呢？

都说教育是一棵树摇动另一棵树，一朵云推动另一朵云，一个灵魂唤醒另一个灵魂。我多么希望，当我们要求学生阅读时，我们老师自己也经常与阅读为伴；当我们要求学生安静时，我们自己首先能做好学生的表率；当我们要求学生去劳动时，我们不要只站在高处去指挥。

我想这才是"身正为范"。希望我们的老师都能成为学生的楷模。

祝大家工作着，示范着，愉快着！

与大家同行之人　周国平

2017 年 5 月 8 日

好纪律来自好习惯

亲爱的老师们：

大家好！

上周在戴晓珍老师的课堂中，我看到当老师布置读书时，每一个孩子都把书立起来，双手捧书大声朗读。虽然只是短短的几分钟，这让我想到了一个话题——好纪律来于好习惯。本周就和大家谈谈我的理解。

对于小学生而言，纪律的好坏直接影响学习成绩的高低。如果没有好的纪律，就不能有好的教学效果。前段时间，写过一封关于如何让学生集中注意力的书信。其实，要让学生集中注意力，就要有良好的课堂纪律。

那么好纪律怎么来呢？好纪律来于好习惯的培养。

一、课内（室内），要注重学习习惯的养成

好习惯——科学坐姿。我市新纪元小学推出的"科学坐姿"，不知道大家是否有听说过。就是要求学生在课堂上双手自然下垂放置两侧，后背挺直，眼睛注视老师，用心聆听，直到需要做笔记、读书时，才可以动手。从一年级进来开始，老师就着手训练学生这样的坐姿，强调坐姿习惯。最近，我发现我们一些老师是不大关注学生的坐姿的。有的学生把脚搁在抽屉里，有的学生靠着椅子背前后摇，有的学生趴在桌子上……面对这许多不科学的坐姿，有不少老师是视而不见的。这样的坐姿，必定没有好的课堂纪律。因此，我们每一位老师尤其是班主任，要检查一下自己的班级是否对坐姿进行过要求。有要求还要有执行。到教室再看看，班级里是否有存在上述几点不好的坐姿。好纪律，一定要从坐姿开始抓起。

好习惯——课堂的聆听和发言。纪律差的班级大多都没有聆听和发言的好

习惯。走进一些课堂，你会发现当老师提出一个问题，下面就闹哄哄的一大片。这样的课堂就是没有把发言习惯培养好，你一言我一语，真正回答起问题来谁都不会说。这样的班级，老师一定要注意首先建立课堂发言的规则，然后通过每一节课的训练，逐步养成举手发言的好习惯。

比发言更重要的是要学会聆听。许多学生是不会聆听的。当一位同学发言时，他马上就去做自己的事情。年轻老师遇到这种情况，可以让没有发言的同学重复前面发言同学的发言内容，以此来推动学生的聆听。另外，不管是老师还是学生在发言时，请一定要让学生的眼睛看着发言的人。

好习惯——课堂笔记。课堂纪律差还有一个原因，就是学生在课堂上没事干。因此，我们要为孩子们找到课堂上该干的事情，让每一个孩子在思考、在记录。我们不难发现这样一个规律：成绩好的学生往往会喜欢做课堂笔记，而成绩不好的学生书本要么一片空白，要么一塌糊涂。我们都知道"不动笔不读书"，那么在我们自己的教学中，是否有强化让孩子动笔写课堂笔记的意识呢？聪明的老师，会一次次通过自己的示范，告诉学生怎么做笔记。这个习惯养成了，手上有事做，纪律自然不会差。

二、课外（室外），要关注学生行为习惯的保持

以前，有许多老师向我抱怨：周老师，我在教室里把学生习惯养得好好的，一节户外的课又给带得乱七八糟了。因此，有个别老师如果自己没有课，索性把一些技能课拿来自己上。是的，学生习惯的养成需要强化训练和不断地提醒才能保持。如果这样经常间断，是很难让学生形成一个好习惯的。因此，我们还要关注室外课，如体育课、劳技课等课堂习惯的养成。

课前准备是一节室外课很重要的环节。与室内课不一样的是，室外课需要学生从教室走向操场或走向功能室。一个走路闹哄哄的、没有秩序感的班级，学生在课堂上的纪律是好不到哪里去的。一个纪律好的班级，走出来的样子是不一样的。当然，这跟班主任有很大关系。但是，作为任课老师千万不要把自己的课堂纪律交给班主任来处理。如果这样的话，老师在学生心目中是没有威信的。

因此，任课老师一定要把课堂纪律教育移到课前的走路上，让每一个班走进操场、走进功能室时都是安静有序的。把课前的习惯做好了，课内也就省心省事了。

课间十分钟是学生良好习惯落实的关键时刻。有的老师总是抱怨班上学生调皮，无法管理。有些学生的确是够让老师伤透脑筋的，但是我们真的想尽办法了吗？

当副校长期间，我每一节课的课后十分钟总是留在教室里，陪着学生阅读、聊天和改作业，结果发现这十分钟真的很管用。只要老师待在教室里，其实很多管理都不需要了。平时，我们经常在课堂上讲许多规则，但是很少有去实施的。当学生来办公室反映，我们又嫌麻烦不能及时处理，所以许多习惯在课间又被打回原形。我们待在教室，学生的许多问题都直接得到解决，许多制度也就在这里得到落实，自然效果就好。

总之，通过这样课内、课外的长期训练，学生的良好习惯一定能养成，课堂纪律自然也就一定会变好。

愿老师们用心培养学生的习惯。

祝老师们工作愉快！

与大家同行之人　周国平

2017 年 5 月 15 日

重要的是要有持续的跟踪和反思

亲爱的老师们：

见信好！

上周我给大家写的是《感动是一种力量》，金洁老师读完给我回信，描述了她自己在工作中感动的点滴。

有家长在留言中写下：读完，眼睛有些湿润。

有朋友留言：用心的金老师，无形中影响着一个个孩子。

同事陈婷留言：是啊，孩子总是给我们意外。我们班的一个孩子特别皮，每次跟他沟通时感觉自己都很凶，很严厉。他却说我一点都不凶，对他还蛮好的。

所以说，写下就会有回忆，就会有收获。又临近期末了，感谢这个学期大家的积极参与和回信。希望我们这一来一回的书信，或多或少能够帮助大家，哪怕是一丁点也好。一些老师让我写点班级管理的。其实，我一直在写。那么今天，我就继续和您来谈谈班级管理，或者说教育教学管理。本周的主题是——重要的是要有持续的跟踪和反思。

不知道您是否有这样的体验？我们经常为自己听到一节精彩的特级教师的课而感到兴奋，回到学校后立马拿起听课稿在班级进行尝试，结果和自己想象的距离相差太大了。要知道，特级教师备好这样一堂课，那是调动他所有的学习经验和实践经验。如果我们只是拿了他所表现出来的语言和上课流程那肯定是不够的，最关键的是我们缺乏他们在课下的平时积累。

在学生管理方面也是一样，外出学习听到了一个点子，觉得太棒了！人家是怎么想出来的？我回去也尝试尝试。结果大部分人都以失败而告终。为什么会这样呢？重要的一点，就是没有持续的跟踪和反思，没有学到这个管理点子以外的东西，即人家所付出的努力。比方说，上次詹友海老师汇报分享说学生进场只需要喊一二一，就能做到不讲话。于是，我们学校有好几个班级都开始喊一二一，可是结果学生入场纪律并没有好转。为什么？我想可能是因为只学了"一二一"，却没有持续地跟踪和反思吧。在"一二一"之后，有没有老师站在操场进行评价？遇到有学生不喊"一二一"，您有没有对他进行教育呢？如果都没有，这个"一二一"一定是没有效果的。

在碧山小学时，我把温州市少儿图书馆汽车图书馆引进学校。刚开始的时候很热闹，可过不了多久就冷了。后来一问，学生说他们时常忘记带借阅卡，于是我就在前一天的晨会上提醒学生，于是借阅的人又多起来了。因此有一点很重要，那就是学到了点子后，下面还要持续地跟踪和反思。

前段时间，我们学到了拍照的点子，刚开始发现好多人都在拍。可是过不了几天，拍的人越来越少了。现在我不知道还有多少人在拍。持续是很重要的。说白了，其实拍是一种形式，最重要的核心是我们在拍的时候，就是在关注他们。关注他们，他们自然就变得认真；关注他们，我们就能发现问题。发现问题，我们才可以改进自己的工作。这样，我们的管理就学到位了，就有效果了。

总之，不管做什么事都要持续地跟踪和反思，即持之以恒地坚持和检查思考。

我暂且就事论事谈这么一些，您要是觉得有不妥之处，或者还有更好的点子和建议，都可以在公众号里给我留言，或者发微信给我。

祝您一周愉快，下周再会！

与大家同行之人　周国平

2017 年 6 月 12 日

开好头很重要

亲爱的老师们：

大家好！

原来，一直想着在教师节当天给老师们写封信的，还是自己太懒了，没有如愿完成。今天下午待在家里，浑身不自在，总觉得应该去学校一趟。于是来到学校。幸好我到了学校，否则教室的门就给漆成绿色的了，而我们要的是红黄蓝三种色调。所以说，做事很不容易，想做好一件事更不容易。万事开头难，把开头做好了，就等于成功了一半。同样地，作为老师，我们在教育教学过程中，想做好就需要重视开学工作。

虽然已经开学了，但是我还是想通过这封信和大家聊聊如何做好开头工作。

从学校层面来讲，各个科室应该做好开学前的一切准备。教导处要在开学第一天把课程表发给大家，要向老师宣布本学期的备课及教学的相关工作。总务处则要做好各种设备的维护及卫生打扫工作，并购置相应的开学用品。大队部要做好开学典礼，一切学生活动要马上进入正常状态。保卫处、食堂等都要在开学前一一做好开学的准备。只有每一个科室都有一种良好的开学秩序，才能让我们的老师和学生，正常进入新学期的工作和学习。

我想，这些方面我们已经在努力，而且做得还不错。开学第一天，我们都按正常的课表上课。相信一年会比一年做得更好。

从班主任的工作来看，要做好哪些开头工作呢？

全国知名班主任钟杰在她的《一个学期打造优秀班集体》一书中，开篇第二节就写"经营好第一课"，而且她就是这么去做的。心理学上有个"首因效应"，就是说人们根据最初获得的信息所形成的印象是不易改变的。钟杰老师是如何经营她的第一课的呢？她会穿上得体的衣服，注意自己的语言表达，让每一个孩子都觉得老师很有亲和力。另外，她最看重的是和学生建立情感联系，比如和学生共同看一个视频或者开一个主题班会，目的是让坐在教室里的孩子感觉到安全、欢喜。

钟杰老师会在第一课中给孩子们安排一次演讲，我们就看演讲的最后一段话："来，我们鼓足气，使劲地，洪亮地，气吞山河地喊出来：'高一（7）班，我们就是一家人！'"这么有号召力，这么有感染力！

有了这样的第一课，孩子们自然就会接纳老师，喜欢老师。

其他老师，又可以怎样做好开始的工作呢？

前几天，我在一家书店闲逛。一位身穿校服的小学生，边找书边自豪地对自己妈妈说："妈，我们今年换数学老师了，姓白。他说他教过高中，今天在数学课上给我们玩了数学游戏，我们都觉得很好玩。"这孩子的一番话，透露出了他们班同学很乐意接纳这位姓白的老师。

开始的第一节课，我们用一种好玩的游戏在学生中赢得良好的第一印象，是非常重要的。每一个人都有自己所擅长的一面，只要我们真心为学生着想，所有的点子都是可爱的，所有的努力都是有价值的。

老师们，不管是学校的领导者、班主任，还是普通教师，开好头真的很重要。现在已经是第二周了，让我们今后的工作越来越精彩！

祝大家愉快！

与大家同行之人　周国平

2017 年 9 月 12 日

从我做起

亲爱的老师们：

大家好！

从开学到现在，我们已经举办了四次家长学校活动，每一次都是座无虚席。我朋友圈一发，有朋友就说："你们学校的家长真好。我们学校的家长就不行，每一次来不了几个人，来了也都是爷爷奶奶辈的。"

我说："是的，我们的家长确实很好。"

镜头一

前天，一位从事中医治疗方面工作的家长，发来一条短信：校长，您一直太忙了，头颈一定不舒服。明天上午，我刚好没有预约，我来给您做做头部疗法吧。

看完短信，我也没来得及回复。第二天早上，我到办公室，发现这位家长已经站在门口等我了。他说："校长，您现在有空吗？我帮您做个头部疗法。"

我不好意思地将这位家长劝回去了。

镜头二

昨天，我让分管老师去安排家长来校大扫除。结果，他在群里一发，家长们就纷纷响应："我有空，需要带什么工具吗？"

家长们一到学校，就开始忙碌了。男家长力气大，就去干一些重活；女家长心细，就帮忙干细活。一直忙到天黑，月亮升起来了。站在四楼往下望去，真是一片干净。图书馆、教师书房被她们整理和清洗得让我不好意思踏进半步。

几位男家长来到百草园，纷纷表示：以后可以让我们男家长轮流来这里除草和整理。

几位女家长打扫完图书馆后，纷纷表示："今后我们轮流安排起来，每周来学校，打扫和整理我们的图书馆和书房。"

听到这些，让我回想起曾经有一些老师对我说："你还想农村家长来给学校干活，别做梦了。"

我没有做梦，家长们真的来帮学校做事情了。

镜头三

昨天中午吃饭时，一位班主任老师向我咨询：如何与家长进行有效的沟通？我虽然不是专家，但是我很喜欢老师们能够向我咨询各类教育相关的问题。因为，一个会主动询问的老师，她的心已经到位，她的成长已经开始了。

我听这位老师说了近期她与家长的一些不愉快的沟通，说实话，我也不知道该如何去帮助她。因为每一次对话，都有一个"场"。这个"场"的营造是需要互相信任的，是需要时间积累的，尤其是年轻老师。

回想起我自己刚教书那一会儿，也遇到过一些不可理喻的家长。一次，一位同学把老师坐的凳子砸坏了，我要求这位学生带回家，让他爸爸（木工）修理好再带回来。学生回去不一会儿，我刚吃完饭坐下改作业。"啪"的一声巨响，一张凳子重重地砸在我办公桌上，"嗡嗡"的声音一直在我耳边环绕。"你什么意思？我们家赔不起吗？不就一张凳子吗？"

我说什么好？我什么都说不出口。

办公室的几位老教师过来帮忙解围。我是委屈的，我觉得自己没有做错任何事情，为什么家长这样对我呢？我不就是想借此机会教育一下孩子吗？

这是我刚入职的故事。时间一年年地过去，自己的教育教学经验也逐渐丰富起来。从做大队辅导员、政教主任，到副校长、校长，与家长沟通变得越来越顺畅了。细细一想，如何与家长进行良好的沟通？别无他法，唯有从我做起，用自己的身体力行真诚地与家长们交流沟通。

只有我们真正把家长当回事，把他的孩子当回事，他自然而然就会向我们走来。作为年轻老师不需要着急，慢慢来，设身处地为家长们着想，日积月累，我们的家长都会与我们站在一起的。到那时，沟通自然不成问题。

祝大家都习得沟通秘诀！

与大家同行之人　周国平

2017 年 10 月 29 日

眼睛里的教育

亲爱的老师们：

大家好！

都说眼睛是心灵的窗户。从眼睛里，可以看出你的温柔、你的威严、你的自信。本周这封信，我想和大家聊聊"眼睛里的教育"。

我想这个题目取得好，因为大家一看，就会想着看看校长到底写的是什么东西。

"你们知道吗？我们周老师背后还有一双眼睛呢！他在写黑板字，我们在做小动作他都能看得到，真是太厉害了。"这是我在教一年级时，班上的一位男生和同学说的话。他满脸惊讶的样子，真是可爱至极。

孩子为什么有这样的惊讶之语呢？源于我上课写板书时，经常突然转身，看看孩子们有没有跟着"书空"。于是，一些控制不了自己的孩子经常被我逮个正着，还不知道自己怎么被我发现的。加之我时常告诉他们："周老师背后还有一双眼睛呢，千万不要以为我转身就看不到了。"对于一年级的孩子来说，老师说的话就是"神"话，真的会有小朋友相信我背后还有一双眼睛。

我时常这样提示，班上的孩子养成了只要我板书，他们就会"书空"或者做课堂笔记的好习惯。因此，我认为，眼睛里能出好教育。我们的眼睛时常关注每一个孩子的动态，是那么的重要。

年轻老师很不明白，有的老教师看起来普普通通，为什么所带的班级，纪律好，学习习惯也特别好呢？我观察了这些老教师。他们在班级里很少用大吼大叫的方式来管理，只需要一个眼神足矣。这些老师的眼睛就像是电视机遥控一样，可以随时遥控孩子们的行为。这一招实在是无招胜有招，值得好好揣摩。

或许，会有老师说："我也用过这样的方法啊，可就是没有什么效果。"

　　的确有这样的可能的。这个方法是需要我们和学生通过长期的磨合，才能形成师生之间独有的默契。上周会议上我引用了《论语》中一段话："取法乎上，得乎其中；取法乎中，得乎其下；取乎其下，则无所得矣。"来分析我们的管理。我觉得老师对课堂的追求也是一样，我们对学生要求高，学生做到的可能只是中等要求；对学生的要求如果是中等，学生做到的可能就只是下等；如果下等的要求，那么学生就没有什么目标了。很多时候，我们的眼睛看惯了学生不积极的表现，而降低了要求甚至忽视了某些要求。长此以往，我们的学生真的就没有什么目标，对自己也没有什么要求了，认为一切就应该是这样的。

　　因此，我们在教育学生时，眼睛里一定要有高标准。

　　当课堂上学生纪律不好时，我们应该停下上课的节奏，用严肃的目光注视纪律不好的学生，让他们知道我们希望他安静，希望他养成聆听的习惯。

　　当学生课堂作业完成不好时，我们可以把学生叫到跟前，用很生气的眼神看着他，并告诉他："你的作业完成得不好，我很生气。我希望你能够在最短的时间内重新写一次。"

　　当学生穿着不整齐时，我们就应该走到他的身边，微笑地看着他，并告诉他："作为一名学生，我们应该要注意自己的仪表，穿着整齐，才显得有精神。"

　　当然，当学生做了一件很了不起的事时，我们应该走向他，用欣赏的目光看着他："孩子，你做得真好！大家都应该向你学习！"

　　我们的眼睛里有了高标准，就容不下孩子们的低标准行为。我们的眼睛经常关注他们，并告诉他们什么事能做，什么事不能做。久而久之，孩子们一定会和我们形成默契，一定能够读懂老师眼睛里的教育。

　　到那时，我们真的只需要一个眼神，就能遥控一切。教无定法，教必有法。愿各位做个有心人，用心观察每个孩子的举止、动态、表情、行为，学生所有的点滴变化都在你的眼睛里时，用眼神与孩子对视交流。你的眼睛、神态也是你的教育的神器。你的眼神就能达到教育要求。

　　祝大家一周愉快！

与大家同行之人　周国平

2017 年 11 月 6 日

有一种管理叫作权力下放

亲爱的老师们:

大家好!

在北京已经一个星期了,我能够在这里安心学习,全赖于你们在学校里兢兢业业地工作,尤其是为了迎接这次功能室检查的各位中层干部和负责的老师。远在北京的我,只能在心里对你们说一声:你们辛苦了!

在北京学习的每一天,我保持每天整理笔记以梳理自己的收获,与同行的校长们交流,可谓收获满满。今天是星期天,一整天的课,晚上还有集体聚餐,又要给大家写信,我怕自己的任务完成不了,就利用午休的时间,坐下来敲下这些文字。今天想和大家谈的主题是管理,取了题目:有一种管理叫作权力下放。

作为校长,我的管理水平如何,应该是体现在我不在时,大家都做了些什么,不做些什么。昨天,看到祥平从温州运来了飞机模型;今天看到国栋在学校拍了王章捷老师布置美术室的照片。从这些细节都能够看得出,他们的努力和担当。我在与不在学校里,他们都能把自己线上的事给做起来。上周五,朱国栋主任代表原本应该是校长去参加的市教育局组织的智慧教室答辩;明天,学校将迎来温州市功能室达标学校创建检查,詹友海主任将面向检查组汇报学校的创建工作。

一次答辩或者是一次汇报,就是一次成长。人生就是在这一次次经历中,不断地成熟起来,优秀起来的。

作为班主任,你的管理水平如何,同样看的是你不在的时候,孩子们都做了些什么,不做些什么。回忆一下实验小学王小霞老师给我们的分享,她就是把班级里的一个个工作,都细分给了班级里的每一个孩子,让每一个孩子都有事情可做。也就是因为这样，当她不在学校时，班级里依然井然有序。她出去得踏实放心。

那么，如何把权力分给我们的学生，让学生都把自己的权力使用起来，又是一门很深的学问。大多数老师，都有班级工作的细分管理，但就是没有让学生真正行使自己的权力。没有权力就没有责任，没有责任自然就没事可做，没事可做就无所事事，无所事事就容易出问题。

其他科任老师如何做到权力下放呢？虽然我们手中的权力少，但依然可以有下放的空间。我们可以把某些作业的检查、作业的纠正，甚至某些作业的批改等权力，下放给学生。课堂上，我们更应该把表达的权力还给学生，让我们的学生多发言、多表达、多展示，真正体现学生是学习的主人。

上几周，我在听课中发现我们不善于及时给学生做评价。既然如此，我们就可以把评价的权力下放给学生。让学生在你的课堂上，养成只要有学生发言，就有学生评价。这样老师既可以少说话，又能够提供更多的学生发言的机会。

作为家长也应如此，不要什么事都揽给自己，让孩子一边学习去。要相信，一个人获得多大的权力，就能获得多大的进步！

有一种管理叫作权力下放。

祝大家工作顺利！

与大家同行之人　周国平

2017 年 12 月 3 日

我不做"老好人"

亲爱的老师们：

大家好！

本周我想和大家交流的话题是，我这个校长不做"好人"。这个话题，在我脑中已经"酝酿已久"，一直想和大家交流。

经常有人会这样问：你们的校长怎么样？答者说："我们校长人很好，从不骂人，对每一个人都面带微笑。但是……"一般这样的对话到"但是"就结束了，下面的话一般人、一般关系是不会说的。我们来分析这个对话，提问者问的是校长怎么样，其实就是问校长的领导治校能力如何，而并非问的是为人怎么样。可是，答者回答的是人不错。如果再往下说，就会有个"但是"，意思是这个校长在学校管理方面没有自己的独到之处，得不到大家的认可。在治校管理上，没有什么可以说道的，为了"不在背后说别人的坏话"，所以就说校长的为人挺不错。

的确，有些校长在学校里为人是不错，因为他从不得罪任何一个人。这样的校长，我们称之为"老好人"。老师出现迟到、不认真备课、不注意自己形象等一系列教师不应该有的行为，这类校长都不会找老师谈话。而人都是有惰性的，校长顺从教师的惰性，没有要求、没有约束，教师自然觉得很舒服。但是大家一定要知道，这样舒服的结果意味着什么。我们知道任何人的成长都是逆人性的，都不可能是在舒适中成长的。

因此，身为校长的我，向大家表态：我这个校长绝不做"老好人"。

校长，作为一所学校的掌门人，就应该一心想着老师们的成长，带着老师们去寻找、去遇见他们曾经想成为的那种老师。我相信，每一位教师当他刚走上三尺讲台时，都有过自己的梦想，都想过要成为一名好老师。只不过，实现梦想的过程是不舒服的。久而久之，也就失去了当年的初心，梦想也随之越来越模糊，直至忘记了曾经还有过梦想。

校长不做"老好人"，就意味着我会得罪某些老师，就意味着我眼里容不下老师们的迟到，容不下老师们的不认真，容不下老师办公室的脏乱……

两年多来，我通过一封封书信，告诉老师们不能开会中途离开，告诉有的老师在穿着上一定要注意自己的形象，告诉有的老师不能迟到、不能早退。我把这种做法，称之为"印象教师"，即通过一段时间观察，找到某一位老师的优缺点，然后给她单独写一封信。这个效果非常好，除了一位教师没有给我回信之外，其余所有的老师都在很短的时间内，给我回了信表了态，而且立马改正了缺点。

两年多来，我和好几位老师在书房、在我办公室，进行过单独的对话。有时，对话是很愉快的，有时也是很尴尬的。这样的对话，有的老师认可了，有的老师无动于衷，或许还有的老师会对我有些看法。

两年多来，我想尽办法让大家多读、多写。只要有培训，就有人要写体会；只要有外出学习，就有人要上台汇报。

或许，这一切都让你感到有些不舒服。但是，不管你们怎么想，哪怕是讨厌我，我都会这么要求大家。

我这个校长绝不做一个"老好人"！

与大家同行之人　周国平

2017 年 12 月 10 日

我们是一个团队

亲爱的老师们：

大家好！

这个学期已经进入尾声，每一位老师都在紧张的复习状态中，每一位老师都希望自己所教的学生，能取得好成绩。看到大家的投入，我突然想到这样一句话：一个人可以跑得很快，一群人可以走得更远。

我们是一个团队，你好，我好，大家好，才是真正的好。

最近，我经常看到或者听到关于四（2）班的故事。四门主课的老师都在使出浑身解数，努力纠正班里不做作业的学生的不良习惯。徐燕老师每天利用放学后的时间，把学生召集到会议室，进行课后辅导。她在博客上发表的也都是关于这些学生的故事。班主任是体育老师，学科上的事显然不是她主要关注的。她说，看到大家都这么努力，我哪能袖手旁观？于是乎，一个班级五位老师齐抓共管，相信一定能有所改变！

但是，刚刚和老师们聊了一下这部分学生的情况，她们笑笑说："我们刚刚在讨论，两个星期的努力，似乎没有见效。"这真是冰冻三尺非一日之寒，想要达到效果，唯有持之以恒。不过，我相信五位老师共同关注这部分习惯不好的学生，一定会有其他学生因此想到：要好好努力，不能让老师辛苦。

另外，上周我们刚刚说过付出与回报，教育的回报往往没有那么快，总是要经过不断的努力、苦苦挣扎，最后才会蜕变成蝶，于己于学生都是如此。因此，五位老师还要持续关注，时常去想新点子、好方法，大家讨论、分享、运用。这样，我们这五位老师就形成了一个团队。有了团队，我们就能三个臭皮匠赛过诸葛亮；有了团队，我们就不会感觉到孤单；有了团队，教育形成了合力，我们相信一定能够让这个班级发生改变。

一个班级如此，一个学校也是如此。

俗话说：坐哪条船，都想哪条船好。同坐在桐小这条小舟里的我们，都希望我们这条小舟能够开得好、开得快。

习近平总书记说："一个人遇到好老师是人生的幸运，一个学校拥有好老师是学校的光荣，一个民族源源不断涌现出一批又一批好老师则是民族的希望。"择校热的当下，家长们都在讨论哪所学校好，哪所学校不好。归根结底，一所学校的好坏取决于这里的老师。

每一间教室，只要关起门来，老师就是这间教室里的校长。如果每一位老师都把自己真正当成这间教室里的校长，都树立目标去教好书、育好人，都想把这一间间教室做成一所所好学校，那么这所学校一定就会成为好学校。如果老师们没有想着要把这间教室做成一所学校；如果老师们只是看着别人去做而自己不参与其中，那么我们就很难让这所学校变得更好。

都说人心齐泰山移，我们是一个团队，我们都希望这所学校，在我们的共同努力下越办越好。

是一个团队，就应该智慧共享。这两年，我们的教师总结会围绕教育故事，开展了多次活动，老师们分享了自己的教育经验。这种教育经验，是可以共享的，大家是可以拿来主义的。我们天天都在一个办公室，平时就应该多交流交流教育的话题，这样的交流更加直接与方便。年轻老师应该多向教龄长的老师咨询讨教；年长老师要帮助、提醒年轻老师努力学习；点子多的老师要多提供教育小妙招。这样你学我、我学你，你帮我、我帮你，自然而然就形成一个好团队。

是一个团队，就应该彼此点赞。每一个人都喜欢听赞赏之言，听到赞赏越多，教师动力越足。教师动力越足，成长越快。因此，我们团队同事之间，要多点赞多鼓励。比如我们的博客群，每一个人写完文章，最好大家都互相阅读，互相点赞留言。

是一个团队，就应该互相指正。人无完人，别看我们是老师，我们身上的缺点也不少，只是我们从来没有反省过自己而已。上半年，我们的一个课题组成员之间发生了一些误会，我觉得为了课题发生点小误会，非常好！在平时的工作中，我们碍于情面，不会对别人指出问题，而自己也没有意识到自己的问题。这样，反而不利于我们成长。"君子和而不同，小人同而不和"，一个团队，如果大家都愿意接受别人的意见，同时也能够帮助别人找出问题，那么这个团队就可以走得更远了。

我们是一个团队，我希望我们能够走得更远一些。

祝我们的团队彼此支持，紧密合作，共同进步！

与大家同行之人　周国平

2018 年 1 月 22 日

准备好了吗

亲爱的老师们：

大家新年好！

大年三十一过，这时间就跑得更快了。还没转眼呢，就到新学期开学了，不知道寒假里的作业大家完成得怎么样？

这个寒假，虽然没有"挑战15篇"的任务，但我觉得也很充实。我读完了五本童书——《爱的教育》《少年克拉巴德》《我要做好孩子》《霹雳贝贝》《春秋故事》和一本刘心武的长篇小说《钟鼓楼》，并开始阅读托灵·M·芬瑟著的《学校是一段旅程》。同时，我还写了八篇文章，看了两部电影，自驾游去了泉州和厦门。

一个想推动老师们阅读的校长，所做的这些只是一个小示范。我特别希望能够找到什么好的方法，带动大家一起读书和写作。

新的学期我们会有新的打算。作为校长，将要以什么样的工作形式展开本学期的具体工作呢？作为中层干部，又会想出什么样的新点子来推动执行本科室的具体任务呢？作为班主任，你想开展怎样的班级活动来凝聚和团结这个小集体呢？作为老师，我们又该以何种心态对待工作，让自己成为学生喜欢的老师呢？

不管你是何种身份，都应该问问自己：我想好了吗？

刚开学，对有的老师而言，似乎没有太大感觉，因为年年都有刚开学的日子；但对另一些老师而言，刚开学好像什么都是新的一样，心里都荡漾着一份激情，想要在新的学期里有所作为。我们都应该成为后一种老师，都应该对自己的工作有一份激情，有一份敬意。工作所换来的幸福感，就在于你对它有多少激情，有多少敬意。激情越高，敬意越浓，你换来的幸福感自然就越大。

此刻，我不由想起前面两个春季开学。每一个班级都把孩子们的书分到位置上，而且摆得非常整齐：不管是看一张桌子，还是看一排桌子，那一叠新书在桌面上都显得特别有精气神！不管是横向看，还是纵向看，桌子与桌子、新书与新书总是角对角，保持在一条线上。这样给人整齐端庄的美感和庄严神圣感，许多老师摆完新书后，立即拿出手机拍照发朋友圈，告诉家长和学生，我们已经准备好了，就等孩子们回来读书。

此刻，我又想起一些朋友的开学点子。抢红包，好像大部分人都很喜欢，学生也喜欢。于是一位朋友在开学第一天设计了一个抢红包的游戏，红包里不仅有钱，还有一些字条，字条里写着"免做作业两天"、"想和谁一起坐，就和谁一起坐"、"可以和老师一起吃顿饭"等等。这样的红包抢起来，学生觉得很有趣、很有创意。开学第一天，就让大家开心满怀。这师生之间的关系自然就融洽了。

这些准备虽然累了一些，但是当这项工作结束的那一刻，我们会体会到一种成就感，会想到我真的可以这样付出，我也能做得很好。突然间，一种自豪感会油然而生。

更有价值的是，我们通过自己的努力，让学生们感受到新学期到来的那一份隆重和期待；让他们感受到了校园的美好、学习的乐趣。

假如每一学期开学，我们都想出一些有趣好玩的东西等待学生的到来，就会使得开学这一刻成为他们最喜欢的时刻，相信这也会成为他们永久的记忆。几十年后，当他们回忆起你和他们之间的相处，也许就少不了开学这一刻。

老师们，新的学期已经开始了。作为校长的我，一定会一如既往地满怀激情去迎接新学期的挑战。去年结束时，几大媒体纷纷报道了我们写信的事，一夜之间让我成了"名人"。这一切的得来都离不开大家的支持和努力。张文质老师鼓励我出书，我说我会以出书的态度去工作。在名优校长培训班上，我这样表态：我要向一本本书走去，多阅读、多思考、多积累。然后，我还要向一本书走去，争取在实践中提炼自己的想法，写一本书。

习总书记说，幸福都是奋斗出来的。新年伊始，让我们共同去奋斗吧！老师们，和我一起行动起来吧！

祝大家新学期有新的收获！

与大家同行之人　周国平

2018 年 2 月 28 日

校长的那点心思

亲爱的老师们：

大家好！

上周，我到了山东济南。和校长朋友们闲聊，总是离不开教育的活动，总是离不开如何让教师成长的话题。从某个角度来讲，每一位校长都是希望自己学校的老师们能够出类拔萃，能够越来越优秀，能够拥有自己的教育梦想。

于是，我就想用这个主题——"校长的那点心思"来和大家聊一聊。

山东的魏传栋校长，全国优秀教师、特级教师等各种荣誉集于一身，是一位非常质朴和优秀的校长。今年59岁，明年就退休了。但是我发现每一次的学习，他都在场，而且勤做笔记、写体会，学习非常认真。在学校里，他组织老师们做了十年的网络教研。老师们通过网络交流备课、上课、班级管理等各种问题，让自己迅速成长起来，成了有追求、有梦想的老师。

不仅如此，他还一直帮助和鼓励校外的老师，令他们走上了爱学习的道路。

在和他们学校的副校长聊天中，也感受到了他们的谦卑和温和。我相信，他们学校的老师大多都是这样谦卑和温和的。因为这两样东西，正是魏校长身上最明显的，让人感受最强烈的。一个好校长就是一所好学校。

网上早有所闻的董春玲校长，这次也终于见面了。

董春玲校长29岁时，来到一所只有400名学生的农村小学。这所小学，教师普遍年龄偏高，专职教师缺乏，是一所办学条件薄弱的农村小学。但是，就是在这种条件下，董校长扎根于此，用自己的辛劳付出，用自己的教育智慧，用自己的人格魅力，把这所学校办成了省内外知名的乡村小学。

如今，董校长各种荣誉在身，成了齐鲁名校长。人们很容易被她的各种光环所吸引，而忘记了获得这些光环的背后，又将是怎样演绎着一个个动人的故事。这或许只有当过校长的人，才能感受得到里头的艰辛。

不管是魏校长，还是董校长，虽然工作中需要付出很多，但他们都享受工作的乐趣，并乐此不疲。他们当校长的那点心思就是要把学校办好，把老师队伍带好，为学生成长提供多种课程和平台。短短两天时间，与这两位校长一同交流学习，让我学到了很多。看到他们就像看到了力量；与他们相处交往，就是汲取更多的能量。

我作为大家的校长，也想谈谈自己的那点想法。虽然我还不够优秀，但是我会努力前行在优秀的路上，脚踏实地做好我们学校的事。我会与他们一样，尽我最大的努力为大家提供成长平台。热切地希望大家能够主动成长，希望我们齐心协力，一起把这所学校办成学生喜欢的乐园，办成我们自己都满意的学校。

上周五，去山东前的半个小时，教师发展中心的张辉老师和胡学森老师来学校，向我们提出了办学的建议，让我们提高自己的办学目标，把学校办成瑞安市乡村教育的窗口学校。

老师们，你们愿意吗？

在接受电视台采访时，面对记者我曾这样描述我的教育梦想：创造书香校园，校长、老师、学生人人都爱读书。学校应该是图书馆的样子，到处都有书。既有适合老师们读的书，也有适合学生阅读的书。然后校长带领着老师们去读书，老师们带领着孩子们去读书。

创建书香校园，让名师名家走进我们学校指导我们的老师。要不断地给我们老师买书，分批次地让老师们出去参加培训，看看优秀的老师是怎么做的。

有了这样的机会，我们不仅要感谢为我们提供后勤保障的两家企业，还要以实际行动来践行我们的梦想。

其实一直以来我就这点心思，大家相处快三年了，彼此有了更多了解。好了，就此打住。希望大家都能够在自己的岗位上，发挥自己的能量，让我们的教育一点点变好。

祝大家工作愉快！

与大家同行之人　周国平

2018 年 4 月 3 日

你的容忍度就是你学生的样子

亲爱的老师们：

大家好！

尽管我不是专家，还是经常有一些老师问我怎么管理学生，怎么带好班级。我呢，给了许多建议，甚至也演绎过这些方法怎么用，可是我没发现有谁用起来，而且用得很有效果。这是为什么呢？

我最近提出了一个校园流行词——"系统"。为什么我演绎给你看的方法，你拿过去还是没有用呢？因为你身上的"系统"和我身上的"系统"是不一样的，而方法就类似于插件。系统不匹配，插件无法兼容。

我们在使用"共同体"学习方式时，很重要的一点就是要学会轻声讨论，学会倾听。但是好多老师，都遇到这样的问题：刚开始时是很好的，后来声音就越来越响。问我怎么办？这其实就是系统问题，在你的声音系统和你的倾听系统，最大的声音是多少分贝，就决定了你们班学生的声音大小。

或许，这样讲你们还是无法理解。不急，我们先来讲另外一个问题。大家知道，我们学校从来不会为了某个检查发动学生大扫除，因为我们每天都很干净。我曾经问一些老师，为什么我们的卫生情况会有这么大的改变呢？她们的回答是我们有值周班，我们有月扫活动的缘故吧。那么，此刻我想请你们思考一下，真的只是因为这两个措施吗？

我这么一问，当然就是告诉你们肯定不是这样的。同样是值周班，我发现有好几个星期，楼梯上、果园里都有好些垃圾，不知道你们发现了没有？我可以肯定地说，有好些人发现不了。为什么？这就是系统问题。

每当遇到这样的情况时，我就会找大队辅导员张跃老师，找这个班的班主任，让他们组织学生再次打扫，这样一提醒校园就又变干净了。

那么，我们反过来推理，如果我没有去提醒，会是什么样的状态呢？一个班级值周没有打扫干净，老师不说，辅导员不说，校长也不说，学生就以为他们卫生打扫工作已经完成了。轮到下一个班级，他们看到上一个班级这样打扫没有人说，他们也就这样了。久而久之就形成了破窗效应，于是垃圾就越来越多，老师们的容忍度也变得越来越高，越来越不敏感。自然，我们的卫生情况就变得越来越糟糕。

所以说，你的容忍度就是学生的样子。

现在回过头再去看刚才的问题，为什么我们班级里的声音越来越大？因为当学生声音变大的时候，我们的容忍度变高。学生的声音超标，我们没有及时去提醒。于是学生的声音又变得大一些，而我们又没有提醒，如此循环下去，学生的声音就控制不住了。

大家有没有发现，有些老师教的学生，字写得非常好，因为她们对字的要求很高，学生写不好就得重写。一次次地要求书写，学生的字就写得端正起来了。过去，没有人提醒老师要教会学生整理抽屉，学生抽屉的样子真是惨不忍睹，而今我看各个班级学生的抽屉，大部分都收拾得不错。我的容忍度，决定了我的态度，决定了我的行为方式，我重视了，大家就改变了。此次阅读推广现场会之所以精彩，就是因为我们的容忍度比较低。

老师们，你们的容忍度就决定了学生的样子。换一种说法，就是你们重视什么，你们的学生就会成为什么样子。

你的容忍度就是你的内在系统，系统需要及时更新，否则就不能正常运转。

祝各位天天更新，日日顺利！

与大家同行之人　周国平

2019 年 4 月 22 日

学会整理有多么重要

亲爱的老师们：

大家好！

大多数农村学校都会因为学校经费的问题，而忽视了校园绿化的整理，导致校园绿化杂草丛生，失去了绿化原有的美学意义。

我们学校也十分缺钱，但是对于校园的审美要求，我还是有自己想法的。一直以来，我都自己拿锯子、握剪刀，像理发师一样把校园的杂草繁枝给理一理。就像人一样，头发一理一下神清气爽，给人以精神振奋之感。我也就像理发师一样，修剪出一个个形态各异的"发型"。每一次看到自己的创造，总是心满意足，成就感十足。

每年春夏之交，操场四周及跑道边上，杂草更是长势旺盛，没过多久就长成半人高。如果每过一段时间，就请人来除草整理，一年下来也要花不少钱。没钱的人家总得精打细算，想方设法省钱。在马路上开车，经常看到路政的工作人员，用汽油割草机修整杂草，速度很快，整理得也很干净。我就在想，要是我们学校也买一台这样的机器，自己当作锻炼身体一样，用空余时间就可以处理这些事情了。

上个星期一台电源割草机到了，我满怀期待地拆开快递包装，根据说明书一个一个零件组装好，通上电源就开始在家附近进行尝试。那效果真是好。此时，天已经黑得伸手不见五指了，学校里也没有路灯，但是依然阻止不了我割草的热情。打开办公室的灯，我背着割草机在草坪上，进行我的热情创作，一片原本杂草丛生的草坪立即变得美观了。

校园那么大，电源线不够长，怎么办？买一个移动电源插盘吧，可是一查都好贵。所以我选择买电源线和配件自己做一个。这样可以省好些钱。星期五中午，配件都到齐了。叶荣老师三下五除二就做好了移动插盘，紧接着就对操场东南角的草坪进行了修剪。

这一剪，便剪出一片风景。我忍不住拿出手机拍照，上传到教师群。果然，大家都发出啧啧赞叹：原来可以这么美！

自从叶老师加入桐小，我就不再是"园丁"了。他比我更勤快、更专业，从此我就不用操心了。值得一提的是，我从没有说过一句话，都是叶老师主动撸起袖子加油干的。我相信他一定是个会整理的人。果不其然，体育室在他的一番打理下，也变得整齐清爽多了。没有花一分钱，没有增添一个柜子，体育室就变干净了。原本独轮车还打算花钱做不锈钢的存放架，叶老师动动脑子、动动手，又为学校省下至少5000块钱。

同样的环境，同样的条件，一个会整理的人与一个不会整理的人，真的可以是天壤之别。

老师们，只要用心去整理我们每天办公的办公室，每天工作的教室，每天工作和生活的校园，就能给自己创造出一片美好的天地来！学会好好整理吧！老师们整理物品也是整理自己的心情。把自己的工作环境收拾得美观雅致一点，让自己赏心悦目，同时也陶冶学生性情。让自己的办公室，变得有审美情趣一点；让自己所在的教室，变得更温馨和谐一点；让自己所在的校园，变得富有文化和诗意一点。

祝老师们每天都有好的心情！

与大家同行之人　周国平

2019年5月28日

也该准备开学了

亲爱的老师们：

大家好！

两个月的假期即将结束，相信大家都还没有完全做好开学的心理准备。前几天，我看到戴晓珍老师在班级群给孩子们推送一篇让孩子们收心的文章。作为校长，也该提醒大家收收心，做好准备迎接开学的到来。于是，就有了这封信。

其他单位工作人员对我们最大的羡慕就是我们有暑假，这么长的假期我们可以去自己想去的地方，可以长时间地和自己的家人待在一起，可以报个培训班陶冶一下自己的情操。这就是我们当老师最大的福利。

身为老师的我们，经常会对学生和家长说，长长的假期是孩子和孩子拉开距离的关键期。因为上课期间，所有的孩子都是在同一间教室里，跟着同样的老师学习。但是假期就不一样了，有的孩子选择了阅读，他的知识面就广了；有的孩子选择了实践活动，他的综合能力就提升了。如果什么都不选，只是在家里看看电视、打打游戏，那么也就只能一事无成了。

这个道理大家都懂。作为老师的我们更懂。但是我们有没有把这个道理，放在自己身上对照一下呢？平时工作忙碌，许多老师都说自己没有时间读书，这算是一个理由吧。但是整整两个月的假期，我们空闲的时间够多了吧，我们读了多少书？上个学期期末，我们布置的读书任务，不知道大家完成得怎么样了。再过几天，我们就会安排暑期培训，会有整整一天的时间拿来谈书。如果还没有完成阅读的老师，请一定要抓住这个假期的尾巴，好好补补课。

这个假期，我觉得自己过得很充实，很有收获，也很想在这里与大家分享我的假期生活。

在写作方面，我一共完成了 25 篇文章，其中一篇 5000 字的论文约稿。在读书方面，我看完了两大本厚厚的《堂吉诃德》；与大家一起共读《优秀是教出来的》；初读《人是如何学习的》，虽然还看不太懂；重读《鲁滨逊漂流记》，体验主人公的冒险之旅；开启苏霍姆林斯基的《巴甫雷什中学》阅读之旅。相比去年，这个假期我读得少了一些。阅读总是这样，越读越发现自己读得少，好多书都没有来得及读。越是有这样的阅读体验，我就越有阅读的欲望。

在外出学习方面，我参加了教育局组织的校长培训，还自费参加了苏州教育行走、马云乡村人才培训、厦门阅读领航员研习营。

在比赛方面，我参加了瑞安市校长论坛，荣获优秀奖；参加温州市总工会组织的"讲身边人故事"比赛，荣获金奖。

在活动方面，我们承办了第五届"面向未来的教育家"校长研习营，并做了《我和我的学校》办学故事分享；最近几天，一直在准备今年温州市暑期师德培训的主题演讲；24 日下午，要到福鼎市给校长们做三个小时的主题分享。

前天在校委会群里，我分享了我的假期生活，张跃说："看了校长的假期，两个字'震撼'，同时自己感到很惭愧。"

其实，比起优秀的人来，我做得还很不够。

那天，陈婷问我："校长，我看你这个暑期就没有停下过，难道你不累吗？"

我说："我不但不累，而且更享受其中之乐呀！"

对，当一个人真的沉浸在某一个具体的任务中，他是不会感觉到疲倦的。反而是，大家躺在家里的沙发上无所事事的时候会觉得累。

好了，假期即将结束，收收心吧！从沙发上站起来，准备迎接暑期师德专题学习，迎接新学期的到来，迎接学生们重返校园！

祝大家生活愉快！

与大家同行之人　周国平

2019 年 8 月 22 日

从刷爆朋友圈说起

亲爱的老师们：

大家好！

这两天，温州新闻网、浙江新闻网、温州日报、温州晚报、温州教育发布及瑞安教育发布等多家媒体纷纷报道了我这两年当校长期间坚持写教育书信的事儿。突然间，我成了亲朋好友和许多教育同行朋友圈里的明星人物。据说，接下来浙江教育报和温州电视台教育频道还要做相关的报道。

首先，我要向那些一直支持我、鼓励我、帮助我的同事、朋友表示感谢。当看到你们为我转发这条报道时，我又紧紧地上足了发条。

此刻，我担心今后能否做得像报道说的那样好。

我只做了这样一件事，自己并没有觉得有什么特别之处，唯独特别的就是持续做。万万没想到，会如此引人关注。

昨天，三家报纸的记者同时出现在我的办公室，这是我首次面对这么多记者，还好不是镜头，因此少了些紧张感。我们围坐在一起，一边喝茶一边聊天（采访）。窗外冷风冷雨，屋内温暖如春，她们追问她们想要知道的信息，我讲述我的教育故事。如此画面，如烙印一般深深地印刻在了我的记忆深处。那一刻，我没有把她们当成记者，而是当成了我们的同行。

我觉得每一个老师，都应该有自己的教育故事，都可以围坐在一起，讲述、聆听和讨论。我真希望，采访的对象能够有你们。

从没想过的事情，就这样向我走来，让人好激动、好幸福！虽然干教育这个活，不是为了这些名，也从来不追求这些名，但是当真正得到的时候，我的内心的确是很幸福的。

回顾这一年，真可谓收获满满。"温州市优秀乡村教师奖""校长论坛优秀奖""名优校长高级研修班""高级职称"等各种收获都囊入怀中。这些，对于过去的我而言，真的是不敢想象。可如今，却来得这么真实。

只应了那句话——坚持就是胜利。

我想起了朱永新老师曾经发起的"成功保险公司"的事情。写作会让人发生改变，持续写作会让人发生质的飞越。

我当了两年半的校长，也算勤于笔耕，一共写了307篇文章，其中不仅给老师写信，还给学生以及家长写信，用书信来管理我们的学校，用书信塑造了学校文化。正是因为这份坚持，学校发生了改变，老师们得到了成长，学生们得到了锻炼和发展，家长跟学校走得更近了。

我深切体会到了写作的力量，因此不管到哪里，我总是喜欢推动或组织老师们写作，也因此"得罪"了不少人。幸运的是，这些被我"得罪"的人，始终与我保持着良好的关系。

钟杰老师上次在讲座中提到《跃迁》书中的一个词"逆人性"，任何优秀之人成长的途径都是逆人性的。我特别赞同这个观点，因此总是想着法子来折腾我们这个团队，总想着带领大家共同成长。

有人说，何苦呢？又没有人说你好。

我不知道怎么回答，但是我知道我这么做并不是为了谁说我好。我只知道，在这个岗位就是应该这么做的。

校长又何尝不是老师们的班主任呢？作为一个班主任就应该为这个班负责。如果通过自己的努力，让这个班与刚接手时相比，有那么一点点进步，就是当班主任的最大荣耀了。

老师们，你们带一个班级不也是这样吗？

寒假已经开始，虽然天气冷得让人只想待在被窝里冬眠，但是我们也不能把寒假作业给忘了。

陈璋怡和徐燕两位老师做得很好，写得很勤快。邻居家的孩子、高中同学会等话题，都成为她们写作的素材。我很乐意看大家写的文章，每一次坐在电脑前打开网页，总是先点开好友日志，看看谁的文章发上来了。看到大家的博文，我总是迫不及待地去阅读、去点赞、去留言。

关于电影的作业，我已经把两个电影视频下载到我的电脑里了，只是苦于不知用何种方式才能方便大家观看。如果谁有这方面的技术，就麻烦告知我一下，或者直接做一个链接发到群里，让大家共享。

关于阅读，我首先推介两本童书，不知道大家是否已经购买？只要花两到三个下午的时间，坐在温暖的阳光下，我们就可以读完。当然，如果你愿意，也可以读给自己的孩子听，或者读给自己班的学生听。

好了，絮絮叨叨，从刷爆朋友圈开始，到写作、到阅读，又聊了这么多。

十分感谢大家耐心地读完这封信！

祝大家假期愉快！

与大家同行之人　周国平

2020 年 2 月 6 日

希望喝完这瓶红酒就开学

亲爱的老师们：

见信好！

3月1日肯定是开不了学，假期再一次被延长，我相信有一些老师已经在家里待得厌烦起来了。怎么还不开学呢？从来没有哪一个假期，我们会如此期待上班日子早点到来。

我好想上班啊！真的好想上班，没有一点夸张哦。一位老师在朋友圈忍不住发出："希望喝完这瓶红酒就能开学！"

从去年放假到现在也还不到暑假天数，为什么老师们会有如此想上班了的念头呢？如果没有疫情，同样加长假期，大家会不会期待上班呢？或许，原因就在于给我们时间却不让我们出去。或者换言之，有钱没地方花。

有钱没地方花，有时间没地方去的假期，那只能在家里睡大觉。什么时候算早起呢？估计午饭前能够起来就算是早起了吧！早起也没用，反正白天也没事干，当然主要是自己不想干。选择睡觉，可是睡得也够多了；躺在床上翻翻手机，翻得也够腻了；选择看电视，一集一集地追，追得自己开始反省，这到底是不是人该有的生活呀？

早上不起，到了晚上自然是无法入睡的，再加上抖音有毒，只要一中毒就无法停止。一条条抖音地刷，看得你越来越不想睡觉。索性再看几条吧，这不是假期延长了吗？明天又不用早起。于是，你就进入了一个无趣的循环。

偶尔也会有所觉醒，我是不是可以选择运动一下呢？可是，连床都不想起的人，运动还是算了吧！

不知道你有没有中招？

老师们，从以上现象就可以断定，我们是不是一群会生活的人。这是一个最好的时代，也是一个最坏的时代。这个时代给人们创造了最便利的条件，同时也帮人们养成最糟糕的习惯。

虽然我们被要求宅家不能出门，但是我们的自由度还是很大的。网络、电视、微信等工具非常强大，完全能够满足我们的需求。工具越来越强大，人对工具的依赖越来越严重，人们的独立生活能力就越来越低。

有了这些工具，安静的能力没有了。所谓安静的能力，就是独居的能力。我想起一本书《瓦尔登湖》，作者亨利·戴维·梭罗记录了自己一人独自居住在湖畔的所见、所闻和所思。一个人独居在湖畔，自己动手盖木房子，种植农作物，生活了两年时间。

我们好像已经习惯于大家一起吃喝玩乐、聊聊八卦的日子，一旦离开人群，就只能睡睡觉、玩玩手机了。

有了这些工具，生活必备的能力没有了，人们开始不会烧饭做菜了。据说，现在的年轻人基本上家中不做饭菜，上班期间在单位吃，下班到长辈家吃，长辈不在家就点外卖吃。那么疫情期间，就不知道在哪里吃了。

想必我们教师队伍中，也有不少这样的年轻人。

我觉得在这个特殊时期，我们更应该有所作为，而不是前面所描述的"无趣循环"。

前段时间，我们教师志愿者在卡口执勤站岗，虽然都有点小紧张，但也是一次不错的工作体验，至少感觉可以为这次疫情做点事。最近，我又看到了一些老师的做法：或给孩子做"妈妈的味道"；或制定个人阅读计划；或每周书写空中课堂总结；或撰写新学期比赛论文。

时下，各行各业都开始复工了。有的不能现场办公，就开启在家办公模式。那么，我们是不是也该有所行动了呢？除了在家跟着抖音学做面包、健康打卡和听课之外，我们有必要开始"上班"了。

这两天，我一直在思考怎样发动老师，从对上班的期盼中走向正常的"上班"状态。想了很多，也在班子群进行了讨论：如空中读书会、教研活动，把开学后的工作提前做了。

老师们，空中课堂来了之后，朋友圈开始流行“自律与不自律的学生”的话题。其实，我们何尝不是如此？如何对待假期延长，就是我们今后看得见的样子。

祝愿各位良性循环！

与大家同行之人　周国平

2020 年 2 月 27 日

第三辑

教师成长有门

教师的专业成长，首先是教师生命的成长。生命的成长离不开责任的担当，离不开"负重前行"。其次，才是专业的成长。教师的专业成长，一定离不开阅读和写作，离不开思考和实践。阅读让视野更开阔，写作让思考更深刻，思考让思想更深邃，实践让成长更有力量。

除此之外，教师还要有一颗博大的心，能包容、接纳、理解和热爱。

只有投入，才会舍不得

亲爱的老师们：

刚到桐小，我就遇到学校个别科室的岗位变动。因为新报账员分配到校，潘老师从原来的报账员转到了教导处担任教导员。潘老师是一位很负责任的年轻老师，在从事报账员工作的一年时间里，她虚心学习，她的努力得到众人的肯定。这对她来说，也算是人生的一个小成功吧！

如今，一下子把她换到了另一个岗位上，她的确有点不习惯。那天，她找到我向我哭诉自己的委屈。我不断地安慰和劝说，才让她慢慢接受了这样的转变。在哭诉中，她告诉我，在过去的一年中，她学到了很多，也体验到了做学校报账员的快乐。她觉得在学校里教书，交际圈小；而报账员岗位，让她认识了很多人，也懂得了很多与他人相处之道。

我突然想起一句话："凡职业都是有趣味的，只要你肯继续做下去，趣味自然会发生。"在我看来，报账工作似乎没有什么值得留恋的，但在潘老师看来却是如此不一样。

无独有偶，许老师在和我聊天之时，说起自己对这个学校是充满感情的。学校里的电线、车棚等都是他和几个同事一起手拿电钻、榔头，一个个搭起来的。陈书记亦是如此，学校的百草园是他亲手一点点做起来的，草药是他从山上一株株带过来种下去的，所以对于他来说，百草园就是他教书生涯中最大的事业。

每一个人都只有投入，才会舍不得；只有真心地投入，才会有热爱。

其实，每位教师都可以做到舍不得的。可是，很奇怪的：有的人教了一辈子的书，即将退休，还在羡慕人家在乡镇里多么好；有的人好不容易考上了教师岗位，可心里却有千般不愿意。为什么我们天天站在讲台上，却讨厌自己的职业，抱怨自己的工作呢？

我非常喜欢这句话：当你在羡慕别人的时候，请你回头看看，别人也在身后羡慕你。我在刚教书的那一年，认识了一位在泰顺气象台工作的朋友。他工作八个月就被提拔为办公室主任。两年后，又调任到温州气象台。他的同事都称，我这个朋友是坐直升机的。这样的工作经历，的确让人羡慕吧？就在我和他聊天的时候，他对我说："你们老师好啊，不像我们天天面对的是死的机器。"当时听了他的话，觉得挺有道理，我们天天和孩子们打交道，总比和机器打交道有乐趣吧。

现在想来，不全是这样。不管做什么，只要你真心对待自己的工作，那么工作一定会带给你快乐和成就感；反之，不管在哪个岗位，你都会觉得世界上最远的距离并不是天涯海角，而是从星期一早上到星期五下午的这段距离。

我们要学会和教师这个职业谈恋爱，只要你够主动，她就会被你征服；只要你够投入，她就会给你美好的吻。

但是，你如果真的不喜欢这个职业，我倒觉得可以早点离开。因为世界那么大，一定会有更好的"她"在灯火阑珊处等着你。

祝大家都能找到职业快乐感和幸福感！

与大家同行之人　周国平

2015 年 10 月 6 日

仰望"他"，向"他"看齐

亲爱的老师们：

前段时间，我和大家谈到"我们"和"我"的区别："我们"是一种力量的团结，也是一种责任分担；"我"则显得很无助，但它却是一种责任的体现。很多时候，都是"我"开始的，"我"坚持，才会让"我们"改变。

今天，我想和大家谈的是"他"。据经验，我们中国人打小就喜欢看他人的所作所为，来决定自己的行为。比如，举手。这是一个很简单的动作，在很多场合，我们都是先看看有没有人举手，如果有人举了自己才举。没有人举自己便也不敢高举。这是小事。大事更是如此。

当初我离开碧山时，有老师对我说："你走了，我们的《教师成长文摘》没有了，我们的活动也没有了。"我对她说："我们的写，不是为我写，应该坚持为自己记录；以后我们桐小有活动，只要你愿意，依然可以参与分享。"其实，这样的同事已经算是不错的了，平时也挺爱学习的。但就是这样的老师，也会看有没有人提醒，没有人提醒就会偷懒。这就是没有了"他"的要求，就没有了自己的动力。

我所在的村庄，村民们喜欢把家里一些没有用的器物置放在房前屋后的道路上，不仅影响了整个村的村容村貌，还不利于车辆的进出。村主任想把环境治理得干净点，向村民发出通知，并率先将自己的东西整理好。但是村民们迟迟没有动静，因为大家都想看看谁动了，如果没有人动，我也不动。这就是村民眼中的"他"的思想。

作为教育工作者，本应该有一种文化人的自觉性，但如今也未必有了。在我们每一所学校里都有一种很糟糕的"他"思想。那就是，看到有工作不负责、学习不认真的"他"，我们便会这样想，"他"这样可以，我干吗这么认真啊？我犯傻么？这种想法在我们的人群中普遍存在，其危害之大不用言说。

不管在哪个群体里，一定同时存在两种“他”。一种前面谈论的消极的“他”，一种是接下来要谈论的积极的“他”。我极力推崇这种积极向上的“他”之精神。我们要时常仰望“他”，并向“他”看齐。就学校而言，这个“他”，不会因为有消极的“他”存在而消极堕落。他总是能遵照自己的内心本能去行事，他的一切行为更在乎的是自己内心的认同，在乎的是对教育事业的认同，在乎的是对孩子学业的负责。

向积极的“他”看齐，是一件很难的事情。因为我们都知道，一个人学坏容易，学好难啊！在某些人看来，学好是需要付出更多的，从此角度讲可能是获得更少；而学坏似乎是不需要付出的，从某种角度理解是获得更多的。比如，在他的眼里，他获得了更多的自由。况且，往往消极的“他”总是不甘于孤独的，总喜欢拉下一些人与“他”一起的。所以，向积极的“他”看齐，就是朱光潜老师写的《朝抵抗力最大的路径走》。

谁不希望自己成长得更好一点？正所谓，水往低处流，人往高处走。我真心期望我们每一位老师都能仰望“他”，向“他”看齐，向着明亮那方前行。

祝老师们都向着明亮的方向前行！

与大家同行之人　周国平

2015 年 12 月 6 日

向工匠学专业精神

亲爱的老师们：

大家好！

工匠，有工艺专长的匠人。平时我们经常碰到泥水匠、木匠等，他们都有属于自己行业的专业规范和行为准则。深入分析，作为教师，我觉得应当要向工匠学习专业精神。

（一）守时

工匠每天都特别早到工作场地，中午休息的时间大抵都差不多，下午下班也都是日落而归。这样的一种上班作息时间，不需要别人去叮嘱，而是各类工匠自觉的行为。作为学校的年轻老师，我们应该要向他们学习这样的"守时"态度。儿时家里盖房子，喜欢看泥水匠添砖加瓦，其中一件事情还印在脑海里——每一天不管怎样的天气，他总是要完成900块砖头左右。这样的数字已经成为他一日工作的标准了，从早上到晚上下班，他都要数一数自己所砌的砖墙。他说，作为泥水匠，拿主人家的工资，就要对得起主人家。

我们有一些年轻老师没有准时到校，还认为反正第一节没有课，没有必要那么早来学校。看了工匠上班，也许就能体会一二了。寒假期间，有几个工匠在学校里维修，我看见每一个工匠到校的第一件事，就是做好当天全天工的准备。泥水匠准备好工具和材料，再拿个砖刀敲敲昨天完工后的一些粗糙的混凝土，木匠把自己今天要做的材料进行了归类，有的甚至把自己一上午要喝的茶水也准备好了。

而作为老师，哪怕第一、二节没课，我们准时到校后，应该也是有许多事情可以做的。比如看看今天的教材，泡一壶茶调理一下自己的状态，也可以梳理一下昨天的得失。哪怕什么都不做，你早早地来学校，尤其是班主任老师，你也能给孩子们带来一种内心的安定和安全感。

老师们，守时，应该是我们工作的底线。我想只有这样，才能够挺起胸膛做老师。

（二）专业

无论哪一个行业，非本专业人员是很难替代的。木工有木工独有的工具和工序；泥水匠也有泥水匠独有的手艺和器材。

曾经听温州某校一厨房的阿姨说："学校里就体育老师最轻松了，他们那样教，我也会。可惜我不是正式老师。"之前，我也曾经看过一些音乐老师，提着录音机到教室里放放磁带。上述这两个老师都是非常容易被人替代的，完全没有自己的专业属性。如果一个体育老师可以被厨房阿姨替代，一个音乐老师可以用录音机替代，那么我们的专业还有用吗？我们还能被称为老师吗？

所以，还是那句话：让我们不断努力，逐渐和我们的职业相匹配。

（三）合作

匠人和匠人之间非常讲究合作。在工匠中，要是这个人喜欢偷懒，是不受欢迎的，因为偷懒的人是没法合作的。所以，我们经常看到工匠往往都是固定一个个团队，每个团队都有固定的成员，他们分工明确。因为彼此间都熟悉和了解，可以更好地互相合作。

我们教师这个职业更需要合作。比如一个老师非常注重学生的习惯，而搭班的其他老师都不注重，那么这个班孩子的习惯是很难养成的。所以，教育的事是大家共同的事业，需要我们同事之间彼此紧密合作形成合力。所谓全员德育就是这个道理。

（四）精致

学校让广告店做了一些展板，拿过来的展板边角粗糙容易割人，而木匠替我们做的东西，哪怕我们没有提出要求，他也会帮我们用砂纸把边角打磨光滑。"精致"是工匠对自己的一种职业追求。很多时候，他也需要以此来赢得客户。

教育更是细致的活。我经常看到一些教室里的多媒体显示屏上有一层厚厚的灰尘，几乎是不能看清显示的内容了，可是我们有的老师依然视而不见，无动于衷。教书十多年来，我也曾经见过有的班级里地面垃圾成堆，班主任却毫无知觉。走进一些同事的宿舍，那场面真叫惨不忍睹。教育无小事。这些细节的处理往往能看出一个教师的敬业程度和职业素养高低。一个人的敬业程度决定了一个人终身发展的高度。精致一点，我们的办公环境也会舒适点；精致一点，我们的心情也会因此舒畅点。

向工匠学习吧！

愿老师们都有工匠精神！

与大家同行之人　周国平

2016 年 3 月 3 日

向老教师学习

亲爱的老师们：

大家好！

上周三下午，我正在琢磨周六植树活动的前期工作。这时，突然一位家长朝我走来："校长，我有个事情想跟你商量。"出于校长的本能，我想莫非有什么让家长不满的事情发生了？虽然近年来经常处理一些家校之间的事情，但心里还真是有点发虚（当校长真是不容易啊，精神高度紧张）。

"校长，我们几个家长商量过了，明年数学老师董老师要退休了，大家都坚决要求董老师继续留校任教，请你一定要安排！董老师的工作由我们来做。"语气里充满对董老师的敬重和爱戴。

原来是这事情。我开玩笑地说："你们家长也够厉害的，连学校的老师都听你们安排了。不过毕竟是董老师个人的事情，她退休以后，时间是她自己的，我们可没法做主。但是你们家长的心声，我一定放在心上。"

"校长，你一定要把这个事情当回事！"

"好的，我知道了。"

我们的董老师如此让家长留恋，她身上一定有值得我们学习的地方。当副校长的三年时间，我几乎每个学期初，都得处理一拨家长来办公室闹情绪，要求更换某个年轻老师，理由是他不负责任。我不得不想出各种办法，费尽口舌来帮这些年轻老师解围。

说来奇怪，如今这么多年了，还真没有遇见过家长来学校要求更换哪个老教师的，且我所熟悉的学校都没有类似事件。为什么会这样呢？这就是老教师一定有值得我们年轻老师学习的地方。

周五下午我在二楼办公室闲坐。上课铃声刚响不久，董老师开门进来问：

"祥平老师去哪里了？班里有个空位置是怎么回事？"张跃老师告诉她，这个孩子今天请假了，董老师这才放心地返回教室继续上课。我跟其他几位老师说，老教师在这点上就比年轻老师细心多了。有些年轻老师是不会注意这些的。

曾经和大家说过，碧山的一个老教师教出来的孩子都不挑食，个个吃得饱饱的；前段时间，看到永嘉实验小学一老教师，几十年来一直主动打扫学校门口的落叶。还有，不知大家有没有发现，我们的叶老师自己上网购买了一个乒乓球训练网和一百个乒乓球，找几个孩子每天抽出一点时间，教这些孩子打乒乓球。这些看似很小的事情，一个人能够坚持做下来，就已经成为他个人的一种文化，是让人敬佩的。

年轻的老师们，虽然我们年轻，但我们也不容易。没结婚的，要找对象；有孩子的，要带孩子；路途遥远的，还要每天赶公车。生活其实就是如此，没有十全十美、称心如意的。教学上我们可能没有老教师那般轻松，但我们有自己的智慧。我希望年轻教师都能继承老教师的优良传统，凭良心做教育，努力做到问心无愧！

祝各位身心愉快！

与大家同行之人 周国平

2016 年 5 月 8 日

做真实的自己

亲爱的老师们：

大家好！

前日，看到朋友圈里爆料：中国大中小学生体制健康测试上报数据，与抽查数据相差很大。这一现象直接揭露了学校存在严重造假问题。讽刺的是，平时的谈论中，似乎每一个人都极其讨厌造假，可行动上个个都是假货的制造商。

这次学区田径运动会，金洁老师参加了学区会议，严格按照会议精神，不让六年级学生参加比赛。可是，一到运动场，发现有些学校还是做了手脚，让六年级的学生参与了。而我们就因为没让六年级的学生参加，只有 8 位学生参赛，连项目都没有报满，这成绩当然可想而知。

我作为校长，很庆幸金洁和君君两位老师能够这样实事求是去做事情。因为我讨厌作假，作假本身就意味着我们的教育失败了。在碧山小学担任副校长期间，为了改变老师们假学习、假读书、假写作，我不知花费了多少精力。曾经有老师跟我这样说："周校长，现在只要是给你发的东西，我们都不敢从网上拉。"的确，后来几年我看到他们发给我的全部都是自己写的东西。

造假会成为一种习惯。在这样的习惯背景下，你能不造假吗？作为副校长，我的观点是，尽量不要参与造假，更不能让学生参与造假。一直以来，我就是以这样的标准来做事的。

我们每一期的《成长简报》，老师们的每一篇文章我都会认真阅读。这一期，我们增加了一个栏目——教育故事。看了四位老师的教育故事，我想到的第一个词就是真实。这样的文章，才是真正属于自己的文字。属于自己的，才是最好的。

不知道大家是否有这样的体会：

　　每一次教研活动，都有老师做精心准备。前一天晚上就把评课稿写起来，而且写得好词佳句连篇。评课时，只把稿子读一遍。每当听到这样的评课，我就特别不舒服。因为那样的文字，丝毫没有温度，假得让人起鸡皮疙瘩。

　　有一年的语文期末考，某学校提前知道了作文题目。于是让语文老师把作文题目告诉学生并做了指导。结果改卷那天发现几乎所有学生的作文内容都是一样的。我在想，这样的成绩拿来有何意义呢？可能让人觉得你这个学校考试考得好，但是千篇一律的作文能说明啥？且对于学生来说，他们知道了老师都在作假，他们会如何看待我们老师呢？

　　昨晚，翻开了于永正老师的书，里头有这样一句话：一定要记住，学生都是会长大的。是啊！我们总把他们当成什么都不懂的小孩来看待。其实学生什么都知道。你或偷懒，或勤奋；你或真心对待，或弄虚作假，他们心中都有一杆秤。只不过，现在你是他老师，他不敢；等长大了，他就会瞧不起你。

　　老师们，做真实的自己，对得起自己内心深处最温柔的那一部分；走自己的路，当没有人为自己鼓掌时，自己为自己鼓掌。

　　祝大家一周心情好！事事顺！

与大家同行之人　周国平

2016 年 5 月 16 日

有一种成长叫负重前行

亲爱的老师们：

大家好！

本周和大家谈论的话题是——成长即意味着负重前行。不知道大家有没有听说过"压舱石"？在海上航行的船，底部有一个舱室，空船状态下，用来装水或者石头。装上水就叫"压舱水"，装上石头就叫"压舱石"。有了"压舱水"或"压舱石"，船就可以吃水更深，船行驶起来就更稳定而不容易翻沉。

我想教师的成长也是如此。要想让自己有所成长，也一定要有一种特殊的"压舱石"。

所以我将这封信取名为——有一种成长叫负重前行。

本周三下午，将是我校首次举办温州市级的教学研讨会，由叶璐璐和潘丰洁两位老师开课。她们两位老师从暑期接到任务就开始备课，到前几个星期的试课、上课，再到上周我带她们去虹桥路小学让专家指点。我想这一路过来，她们肯定是很受折磨的。但是，我也完全相信，通过这样一次磨课到开课的过程，她们俩一定是经过了一次蜕变，完成了一次成长。这样的折磨就是负重，而负重的同时，一定是让你前进的。

前段时间，开始尝试让每位老师像我一样，每周写一篇教师批注阅读体会。说实话，这样一篇文章会给老师们带来一定的压力。每一位老师都很谦虚，说自己写不好，不会写。但是，我发现每一位老师写得都很好，都有自己对文章的感悟和对现实生活的认识。我喜欢把大家写的文章发在我的朋友圈里。经常有同行为我们的做法点赞，给大家的文章点赞。

我认为，阅读体会写完之后，不管对自己还是对他人，都是一种帮助。因为如果你写得一般般，其他老师看见了，会得到这样一个信息：哦，大家其实和我差不多，这样我也能写。这样无形当中，你就已经出了一份力，让大家共同分享，积极参与写作。当然，如果像前面几位老师那样写得很好，那就给人一种参照。老师们在阅读和写作过程中，一定会进行对比参照，而这也是一次很好的学习交流机会。因此，虽然受点压力，但是压力也是动力，换来的是成长机会。

一位哲人这样说："一切重压与负担，人都可以承受，它会使人坦荡而充实地生活着，而最不能承受的恰恰是轻松。"

生命的意义在于负重前行，权利的价值在于责任的担当。

作为校长，我经常以此话勉励自己。

所谓的成长就是负重前行！

祝大家痛并幸福着！

与大家同行之人　周国平

2016 年 11 月 6 日

那么"聪明"干什么

亲爱的老师们：

大家好！

本周想和大家聊关于"聪明"的话题。

这次在杭州学习的过程中，我跑到江西做了一场分享。一路舟车劳顿和饮食起居的不规律，再加上前段时间感冒未愈，的确有点疲倦之感。

"担当者"阅读推广机构工作人员小邓老师说，"担当者"有一个"傻子俱乐部"，像张祖庆、何婕等一大批全国有名的特级教师，都是这个俱乐部的成员。为什么叫傻子俱乐部呢？因为"担当者"的讲课分享，是没有讲课费的，而这些老师却乐此不疲。有人会认为跑那么远的地方去讲课，还不拿讲课费，真是够傻的。

在物欲横流的时代，我常听说有些教授、专家接受邀请，首先问讲课费有多少。多则去，少则拒绝。相比之下，这些教授、专家就"聪明"多了。可我想，人那么"聪明"干什么呢？

不管在哪一个时代，总需要一些"傻子"为这个社会做一些事情。

一次，有位老师跟我说学校里的某些事情。我说，我都知道。这位老师很惊讶：原来校长什么都知道。我说，其实，有些人只是装作自己不知道而已。人真的没必要那么聪明。

经常会有这样的人，他自己不愿意做某件事，就会想办法指使别人去做；也会有这样的人，他自己不愿意做某件事，就会跑到你面前使劲劝阻你："别那么傻了，做这件事有意义吗？"奇怪的是，这样的人往往都能够得逞。但你说这样的人聪明吗？我觉得太"聪明"了，自己不想干时，有人替自己干；自己不做时，别人也没得做。

听过青蛙爬墙的故事吗？

有一群青蛙组织了一场比赛，目标是登上一座很高的塔。一大群动物在塔下观看比赛，为参赛者加油。旁观者都不相信那些青蛙能够爬到塔顶。"哎呀，这太难了！它们永远无法爬到塔顶。""它们根本没机会成功。塔太高了！"有青蛙开始一只接一只地摔下来。那些步伐稳健的青蛙，听了议论后，也都放弃了。一些小青蛙看着眼前的高塔，更是没有信心，站在原地未动。最后，其他青蛙都放弃了攀爬。只有一只青蛙，经过一番努力，到达了塔顶。

原来，那只登顶的青蛙是个聋子。

生活中"聪明"的人实在太多了，类似于登顶青蛙这样的人却是太少了。要想让自己走得更远些，或许真得让自己变得"傻"一些，别在乎别人的"聪明"劝说，让自己保持不那么"聪明"的状态，一直朝着自己所希望的方向，安静地行走。到了那里，你会遇到真正的聪明人。

我们不是常说傻人有傻福吗？不要做一个那么"聪明"的人，或许真是一种福气！

老师们，祝你们都能够遇到真正的聪明人！

与大家同行之人　周国平

2016 年 12 月 12 日

又是一年结束时

亲爱的老师们：

大家好！

日子一周周地过，就过得特别快，又到一年结束时。该好好地对过去的一年进行总结，以便更好地展望美好的新年。上封信中提到过，人们总是喜欢在这样特定的时间点，来进行总结和展望的，我称之为仪式感。

提到总结，我想和大家一起回顾三个学期来的期末总结。不知道大家有没有印象，第一个学期的总结是让每一位教师以表格的形式，对过去进行梳理回顾和反思；第二个学期是针对学生提出十条好习惯和坏习惯，进行自我反思性的文字叙述；本学期则是以教师访谈式节目作为总结。同样是总结，每一个学期都是不一样的形式。目的就是想固定的事情创新地做，尽量不让大家觉得枯燥乏味形式化。寒假将临，大家是不是又要考虑给学生布置寒假作业了呢？寒假作业是每年都有的，能不能也创新地做呢？

我在《给家长的一封信》中提到，家长朋友要抓住寒假的机会，每天做一点点，孩子就可能成长得好一点点。并建议家长带孩子去书店买书，督促孩子在固定的时间看书，养成阅读的习惯。我们各个学科的老师，是不是也可以从自己的学科出发，找一些书籍与孩子共读一本书呢？戴晓珍、张丽娜和潘丰洁三位老师准备在假期中，通过录制音频的方式，为孩子们大声朗读。这样的方式，我觉得挺好，或许还可以发动一些家长，让孩子参与到为大家朗读呢！如果这样的读书方式被传播开来，那将会是怎样的一种美好呢？作为校长，我真的特别感动于她们用这样的方式带动孩子们阅读。

又是一年结束时，我们应该为自己是一名老师而感到幸福，当我们过完这个星期，就可以开始一个月的寒假。虽然平时我们辛苦了点，但是这个月对于其他单位的人来说，实在是太奢侈了。老师们，好好享受这一个假期吧！

"享受"一词在百度里的解释是生命在存活过程中，通过身体器官、思想意识的作用，使生命自身产生愉悦、美好的一种体验与感觉。身体器官的作用产生的美好感觉指的应该是物质上的享受；而思想意识上作用的应该是精神层面的享受。两种享受都是可以的，但是从持久度来说，可能精神上的享受会更加持久一些。因此，我们是否更应该追求精神的享受呢？

在这样一个美好的假期中，如果能够读读写写，就可以说是更高层次的享受。著名教授刘良华老师说，他一天的读书的时间达到十个小时；著名学者傅国涌老师说，他一个月要读数百本书；温州二中的郑怡老师说，她一年要读两百本左右的书。想想我们自己，平日里，总觉得自己太忙没时间读书。现在给我们一个寒假，我们可以读多少书呢？徐祥平老师决定一个星期读一本书，这个决定真是很考验人的，但是我相信他能做到，因为他已经体验到了精神上的那种享受。

老师们，又是一年结束时，我就和大家聊聊这些吧。期待每一位老师都过一个充实的假期，享受属于自己的独特幸福！

祝大家假期愉快！

与大家同行之人　周国平

2017 年 1 月 9 日

总要做一件让自己觉得了不起的事

亲爱的老师们：

有你们的参与，真好！

挑战 15 篇，我自认为这是件了不起的事情，因为我们在一个最难腾出时间的寒假，来做这件事，而这件事对许多老师来说，又是几乎不可能完成的事。老师们，您准备好了吗？

苏格拉底说："未经审视的人生，不值得过。"什么样的寒假对于我们才是有意义的呢？逢年过节，中国传统最喜欢讲吃。尤其是春节假期，亲戚走动、朋友聚会等都是讲吃的。我有一个亲戚，每次去他家，他必定会以酒相待。我不想喝酒，于是自认为"很艺术"地拒绝："你呀，就不用客气，在这个节日里，大家都喝怕了。今天我来你家，你要是不拿酒来招待我，就觉得好像对我不热情似的。而我，要是不喝也觉得自己好像不近人情。你我都硬着头皮去喝酒，何必呢？就让我们好好吃顿饭吧！"听我一番话，这个亲戚笑笑："好，好。"

这只是我的一个案例。我知道，你们应该不存在我所说的这样的事情。举这个例子，我想说的是我们经常被套在一些诸如此类的无效交往中。这点，我想大家或许经常会有，那么如何摆脱这样的无效交往呢？一个很好的方式就是让自己忙碌起来、充实起来。说实话，最初我到各地学习还有一个原因，就是让自己远离这些无效交往。我们经常听人说，要学会拒绝。其实这是一句空话，没有力量的。人家明明知道你空闲得很，你怎么拒绝人家呢？一个人真想学会拒绝，首先就是要让自己忙碌起来。让"不好意思，我真的还有事"这句话在你心里有足够的底气，才能让你成功地向别人说"不"。

　　一个"挑战15篇"的活动，注定是要让我们忙碌起来的，或许它真的能帮助你学会向别人说"不"。15篇写什么呢？说实话，老师们，我也不知道。但我相信老师行！

　　祝大家挑战成功！

与大家同行之人　周国平

2017 年 1 月 16 日

努力成长，获取职业幸福体验

亲爱的老师们：

见信好！

上周和叶老师聊天时，谈到了我们有的老师评上了一级（原来的小高），就开始放松了。她让我一定要告诉大家，一定要去评高级（小中高），不要觉得高级离我们很远似的。她还说，如果我不告诉大家，大家就不知道还可以去评高级的。

年底，叶老师就要退休了，她的这番真心话，我是真的要好好地转告给诸位。从去年开始，高级职称的评审不再需要到省里，如今直接下放到各市了。温州市就可以进行评审，而且政策向农村学校倾斜。这是一个大好的机会，每一位老师都应该去努力一把，让自己成长得更好一些。有人说，我就不评了，宁可少吃点、少用点；也有人这么说，干吗把自己搞得这么累，身体最要紧。但我想说，努力成长，不应该只为多几百块的人民币，也不应该为了评职称把身体搞垮了，而应该是去获取我们所从事职业的幸福体验！

《少即是多》这本书中有这样一句话："我们生活在一个全新的时代，从物质中获得幸福的时代已经过去了。"读到这句话，我深有体会，不说远的就说近的，2005 年距离现在只有 12 年时间。当时很少有人有汽车的。那时，我买了一辆两万多的二手小汽车，不知道有多开心，经常洗车、打蜡，硬是把一辆二手车整得跟新的一样发亮，开在路上把音响调得跟舞厅似的。开到学校、开回家里，经常有同事和邻居会围在车旁，谈论车子的问题，有一种被人羡慕的感觉。但是这几年同事买了宝马都无人理会，拥有车子已经不再被人关注和羡慕了。

其实，类似于这种物质上的追求，给人带来的幸福体验是短暂、非持续的。

幸福是一种体验，更是一种能力。大部分人的大部分时间都是在工作中度过的，因此想要获得幸福，就必须要在自己所从事的职业中寻找。我想，一个在自己的职业中找不到一点乐趣的人，一定是没有让自己幸福的能力的。所以，我们经常说干一行，爱一行。这就是一种能力。

作为老师，我们在职业上的种种投入，都是收获幸福体验前的准备和积累。李镇西老师大家最熟悉了，看李老师的博客，听李老师的现场讲座，你会被他的幸福所感染，会享受到他和学生的一个个故事所带给我们的幸福体验；他的一本本日记、一张张照片，虽然花费了李老师的时间和心血，但就是这些成就了李老师，更是让李老师收获了精神上的喜乐。

李老师不管是当老师，还是当校长，还是如今新教育研究院的副院长，都始终保持着对教育的满腔热情。也正因为如此，他一路收获着"全国著名特级教师""当代陶行知""中国式苏霍姆林斯基"等诸多头衔和荣誉。应该说，这么多的荣誉都是努力成长之后，纷至沓来的。

名师如此，那我们呢？

做教育，做老师，评职称不是唯一目标，不管我们是否已经评上一级（小高），都应该继续努力，继续成长，从而继续收获。因为靠得到物质而获取幸福的时代已经过去；请努力工作，让自己爱上这个职业，让每一次努力的付出，都成为我们幸福的回忆。

或许，除了收获幸福体验之外，我们还可以收获更多的东西。

祝大家一切安好！

与大家同行之人　周国平

2017 年 2 月 20 日

从知道到做到

亲爱的老师们：

大家好！

有人说，世界上最远的距离不是天涯海角，而是从星期一上午到星期五下午。我说，世界上最远的距离不是星期一到星期五，而是从知道到做到的这段距离。

上周，我们开始"每月一件事"的行动了，让各位选择自己喜欢做的一件事，就是想从最简单的开始，慢慢地培养我们做事情的习惯。一周过去了，不知道大家是否能够按照自己规划的一步步地去做。张丽娜老师2月份的其中一项就是学习整理，我关注到她把讲台、书柜等地收拾整理得干净又整齐。这是很好的开始。请已经做到的老师，一定要继续努力；没有做到的老师，一定要加油，不能轻易放弃。

我们都是知识分子，许多事情都知道该怎么做，知道不这样做会怎样怎样。但大多数时候就是不去做。大家都熟知《史记》中记载的赵国名将赵奢之子赵括纸上谈兵的故事，其实这样的人当今依然大有人在。独生子女这一代尤为突出，想法很多，理念很多，可就是不会做。说一套，自己又做一套。作为老师的我们，这样的做事方式可是要不得的。

著名教育家陶行知先生出生时，父亲给他取名陶文濬，后来受王阳明的"知行合一"思想的影响，改名为陶知行；后来在实践和改造杜威的教育理论时，又觉得"行才是知之始，知是行之成"，便又改名为陶行知。我想表达的是，陶行知先生对知行的理解，一定能带给我们启发。那就是，"行"是至关重要的，没有"行"，一切都是空谈。

我们听讲座，最怕的是一些专家照本宣科，最喜欢的是来自一线老师讲述自己在实践中产生的故事。有故事，必有行动；不，应该说，有行动，才有故事。有一首歌唱得好："世间自有公道，付出总有回报，说到不如做到，要做就做最好，步步高。"那天，我在教研组长会议上说过，课题和论文都是做出来，而不是写出来的。只有下功夫真做，写出来的东西才打动人，才能让评委看得上，才能获奖。

寒假里，我写了《我这样当校长》等六篇文章，内容就是"阅读、写信、持续做事"等几个方面，想必大家都能猜得着我是怎么写的。可就是这样一个文稿，在博客上被一个国家级刊物《中华校园》的总编看到了，要在3月份的名校风采里刊出。你说，我要是光说不做，能有六篇文章吗？因此，"做到"是至关重要的。今天在班子成员读书会上，大家提到了少说，多看，多听。听完大家的发言，我说，还要加上一个，那就是"多做"。

从"说到"到"做到"，只要你肯迈出那一步，它就不再是世界上最远的距离，而是你走向优秀的开始。从"说到"到"做到"，只相差一个字，其实也就是一念之间。身为教师肩负着更大的责任，就更需要"身正为范"。用自己的言行，潜移默化地影响身边的学生，这便是教育本来的样子。

说到还要做到。

祝大家都能愉快地说到做到！

与大家同行之人　周国平

2017 年 2 月 27 日

如何听讲座

亲爱的老师们：

大家好！

听讲座，对于我们老师来说实在是太平常了。我们学校非常重视名师名家的引领，近两年邀请了全国各地的知名教育学者和专家来校讲座。同样一场讲座，有的人收获满满；有的人只是浮光掠影。其实，听讲座也是一门学问，值得好好探讨一番。

多年来，我一直在全国各地跑，参加了许多学习活动，听了不少讲座。因此，也算是听出了一点门道吧。在此和大家分享一下我的一些看法，看能否引起大家的共鸣。当然每一个人都有自己的学习习惯，并非一定就得这样。

一、准备工作

当拿到一份安排表或者是讲座专家的资料，首先要了解这个专家的一些研究情况，有条件可以读一读他的文章或著作。比如这次王木春老师来校讲座，我们就特地为老师们推荐了他的编著，希望通过读他的书，首先了解他的研究方向和他的一些基本情况。这样，我们在听他讲座时，会有一种亲切感。而这种亲切感，正是让我们能够快速进入状态的最好润滑剂。

二、如何聆听

有了这样的准备后，听讲座时会有感觉了。但是真正要听一场讲座，是需要做大量的工作的。第一，要排除一切干扰，静心聆听。既然坐下来了，就应该学会专心聆听，尤其是要把手机暂时隔离起来。手机在该用的时候，才拿出来用，如拍照。更应该杜绝在听讲座时聊天，因为这样不仅自己没有学到，还影响到了他人的学习，更是对讲座者的不尊敬。此刻，此地，只需要静心聆听即可。

第二，要学会做笔记。我们经常对学生说"好记性不如烂笔头"，而我们自己在学习时，是否也都记住了这句话呢？做笔记，有许多好处。它能让我们专心听，因为不听就记不下来；它还能为我们提供再次学习的机会。因此，做笔记是非常好的一种学习方式。如今，网络发达，各种现代技术的做笔记软件，为我们提供更为有趣、更为实用的做笔记方法。但是，对于我本人来说，更倾向于以手写的方式来做笔记。

我们许多老师，会有这样一种体验：经常觉得没有什么东西好记下的。那么，是不是真的就不值得去做笔记呢？我觉得不是，大多是因为我们没有养成做笔记的习惯。有的老师，是把整个讲座像录音似的记录下来；有的老师，是把PPT上的大标题抄下来；有的老师，是一边记录主讲人的观点，一边写下自己的感受。

三、学会思考

除了上面两个要素，我们还要学会思考。讲座的主讲人也是一家之言，未必就是真理。我们在听讲座时，要随时保持思考的习惯，最好随时写下自己的问题。等待互动环节时，可以举手向主讲人发问。我们经常说最害怕的是没有问题。听讲座也是如此，没有问题意味着我们没有思考。

其实，每一个演讲者都是乐于与大家交流的。我们如果在思考的基础上，利用短暂的休息时间，跑到前面与主讲人交流一下，是非常好的学习方式。因为这样一种主动交流，既是学习态度的一次练习，也是深度学习的一次机会。

总之，听一场讲座如果能够做到以上三个步骤，相信学习的效果一定不会差。

祝大家听有所获，学有所得。

与大家同行之人　周国平

2017 年 5 月 22 日

优秀的人总是对自己狠一点

亲爱的老师们：

大家好！

给大家写信的这件事，我已经做了近两年了，至今还坚持着每周一封。是什么力量，让我热衷于给你们写信呢？因为我想改变状况，试图通过自己的努力去最大化地影响到大家。事实上，我已经看到了大家的改变，看到了好教育就在我们身边。

老师们，不要什么事都首先想到不可能，因为那样就真的永远不可能成就一件事了。转一个方向，你要相信只要努力都能成为可能。

本周，我想和大家聊聊：优秀的人总是对自己狠一点。

我们都看过这样的图片，鸡蛋从外面打进去，它能成为一份秀色可餐的食物；但是从里面打出来，它将成为一个美好的生命。不一样的方式，产生不一样的东西。人也是如此，靠人逼着去做的，最多只能成为普通的优秀者；但是如果自己把自己的发动机开起来，成就的就是一个卓越的自己。几年来，我结交了各地的一些优秀教师，他们身上都有一个共同的特征：爱折腾。

对于我们来说一件很平常的事，可是在他们眼里却是不一样的。把简单折腾成复杂；把复杂又折腾回简单。不管有没有机会，总是喜欢把自己折腾得死去活来的。学生读书时翻书的动作，我估计有许多老师是没有注意的。关注细节的老师，是这样要求的：每一次站起来读书，必须是两手捧书，书面成斜坡状态；右手的食指必须是夹在翻开这页与下一页的中间。为什么要这样呢？因为这样可以很快就翻到下一页，大大节省了时间。另外的一些要求，比如声音洪亮、站姿挺直等就更不用说了。为了练习这些动作，得花上一个月甚至更多的时间。

老师们，我们平时有没有注意到<u>这些细节</u>呢?

暑期校长论坛上，来自汀田中心小学的总务主任，他把看起来繁琐的报销制度和文件，简化编成了《报销要诀歌》。而他在论坛的主题又是如何报销，把这样一件看似简单的事情，做得复杂起来。他把这些小事做好了，因此受到了教育局领导的重用。我们觉得总务主任还能干出什么花样来，其实不然。只要喜欢折腾的人，总是可以让人刮目相看的。

我们当班主任的，要做的事情很多;我们不当班主任的，也有很多事情可做。上学期，徐祥平老师组织的后进生辅导，他的想法和做法，完全出乎我的意料。他选择教师书房作为场地，而不是"拉"到办公室;他给孩子们泡好了茶，而不是板着脸;他告诉孩子这是奖励，而不说是补课;他偷偷地告诉学生要辅导，而不是当着全班同学的面点名。这里没有简单粗暴，有的是一颗温暖的爱心。

老师们，不管是把简单的事情做复杂了，还是把复杂的事情做简单了，都是在给自己增加工作量，给自己增加压力，不让自己待在舒适区。换一种表达方式来说，就是对自己狠一点。也正因为如此，他们才能够变得如此优秀。

对自己狠一点吧，让我们都优秀起来!

提前祝大家国庆中秋佳节阖家欢乐!

与大家同行之人 周国平

2017 年 9 月 25 日

你会穿衣服吗

亲爱的老师们：

大家好！

本周和大家谈论的话题——你会穿衣服吗？这个问题看起来有点幼稚，都是为人师者，怎么不会穿衣服呢？

大家有没有印象，学区班主任优质课评比时，刘君君老师身着一套职业装。我相信老师们一看到她这一身打扮，都会有眼前一亮的感觉。是的，一位体育老师，平时穿的都是适合运动的服装，今天突然一改习惯，真的会让人惊讶。赛后，外校的一位老师对我说，你们的君君很用心，特地向从事银行工作的朋友借了职业装。看吧，小小的一个着装变化，都会告诉人家你的内心状态。

恰好，近几天读到一篇文章《穿休闲装越多，离自律越远》，颇有同感。作者和一个闺蜜平时见面都是周末，彼此都习惯了穿休闲服。一次，作者到闺蜜的公司，看见了闺蜜一身工作装，顿时被她那种职业状态下的气场给吸引住了。此时，作者才意识到自己的着装有多么随意。闺蜜提醒她，一个人上班的状态其实从穿着就能看出来，如果穿得过于像度假般那样休闲，上班的状态也会比较慵懒，会影响到工作效率。老师们，你们觉得有道理吗？

前段时间，一位外地教育界朋友在朋友圈里发了几张图片，配了这样一句话："老师晒这样的朋友圈都没人管吗？"截图里的女老师袒胸露背，还晒自己在酒吧里的照片。从这个朋友圈来反思我们自己的言行，是很有必要的。第一，作为老师，言行举止、衣着打扮务必要符合自己的身份；第二，如果你是这位女老师的校长，你觉得该不该管，要不要管？当然，这样的老师是极个别的。

国庆期间，在阅读《一个小学校长的日记》，其中也讲到了教师着装的话题。刘百川校长在日记中，写他开会要求女先生注意自己在装扮上的尺度，希望能给学生一个好的示范。"身正为范",教师的着装可能也对学生的成长起着潜移默化的影响作用。大家读过池昌斌老师的《另一种可能——一个特级教师的跨界生长》一书,不知道对其中这样一个细节还有没有印象:一次他去省里比赛,几位女教师特地为他挑选衣服。

有的老师很用心,根据不同的课型,穿出特定的着装。

儿童科普读物《神奇校车》里老师穿的衣服,图案全都跟当天课程内容有关。当然,这只是一种美好的愿望,表达出作者对老师形象的一种期待。

一位老师参加优质课评比时,抽到的课题是《十里长街送总理》,那天,他一身黑色中山装,无形当中给自己信心,也让学生感受到一种庄严、悲痛的氛围,给评委留下了较好的印象。

恰当的着装,能起到不一样的效果。我相信,一个穿着上讲究的人会给人一种精神饱满的感觉,在工作上一定是有精气神的;反之,一个穿着随便、不讲究的人会给人一种慵懒、拖拉的感觉,在工作上就有可能精气神不足。我想这就是"内化于心,外化于行"吧?这方面我是外行,相信大家都比我有眼光。

读到这,我们是不是对穿着有了不一样的思考?对自身的言行举止,是不是又有了新的体悟?愿大家都学会穿衣,做到衣着得体。

祝大家幸福快乐!

与大家同行之人　周国平

2017 年 10 月 13 日

要有一点爱好

亲爱的老师们：

大家好！

上周，我们学校的首届数学节开幕了。教导处在这个学期安排了语文、数学、英语和科学的四大教学节活动，希望通过活动，营造一种浓厚的学科学习氛围，让孩子们觉得学科的学习也是挺好玩的。同时，也希望让老师们明白学科教学，是需要我们动脑筋的。多一些创意，努力让孩子们喜欢上你的课。

开幕式上，潘丹丹老师为学生表演了一个数学小魔术。我相信，孩子们一定会质疑这也是数学？我想，这就是潘老师所要告诉孩子们的，生活中处处都有数学的道理。通过这样一个小魔术，会让一些孩子重新认识数学，甚至有可能因此而喜欢上数学。

恰巧，在写这封信时，我翻阅了"星教师"公众号里今日的文章——《游戏，让我成为"不可替代"的课堂指挥家》。文中这位老师提到，自己的体育情结源于小学时教他的体育老师。他的体育老师上课总是严厉中带着笑容，常常像变戏法一样拿出一些他们没见过的器材，在游戏中教会他们跑、跳、投、翻、滚、爬，发掘他们的运动潜能，点燃他们的运动热情。

可见，一些小技能在我们教学中运用得好，真的就可能因此改变了一个人的成长方向和速度。

如果我们只是拿着教科书照本宣科，一定是很难成为学生喜欢的老师的。如果我们除了会教书之外，还会一点乐器、运动、唱歌等其他方面的才艺技能，并在适当的时候把这些技能展现在学生面前。估计我们的支持率就会提高，粉丝就会增多。最为重要的是"亲其师信其道"，许多孩子就会因此而更加热爱学习。

因此，本周想和大家聊的话题，就是"要有一点爱好。"

人无癖不可交也，意思是一个人总是要有点爱好的，没有爱好的人是不值得一交的。这是明代文学家张岱的交友原则。今日从教育的角度去看，没有一点爱好的老师是当不好老师的，是不是也有点道理呢？

曾经听全国著名特级教师于永正老先生的课，课本身的精彩不用说，他课后的京剧演唱，更是给所有听课老师留下了极为深刻的印象。这个暑假有幸结识的何夏寿校长，也是一名全国著名的语文特级教师，他的戏曲演唱让我羡慕不已。我们暑期阅读的《另一种可能》的著者池昌斌老师，有着弹吉他、登山等爱好，让人觉得生活多姿多彩。

这些名师身上，都有自己的爱好，而且这些爱好，都被他们用到了教育教学中，赢得了学生的喜爱，成就了自己的教学风格。

我们作为普通老师，也应该要有一些自己的爱好，并且在适当的时候把自己的爱好运用到教育教学中去。瑞安塘下某小学有一位科学老师，就是喜欢魔术，并且把魔术应用到科学教学中，取得了很好效果。在我市小学科学界颇有知名度。

有一点爱好，可以助我们一臂之力。每一位老师都可以寻找自己身上的特点，寻找自己的爱好。比如书法、插花、唱歌、运动等等。然后，我们再有意识地去开发自己，将自己的爱好，适当地运用到我们的教育教学中去，从而让学生喜欢上我们，喜欢上我们的课。

让我们都有一点爱好吧！

祝大家心情愉快！工作愉快！

与大家同行之人　周国平

2017 年 11 月 13 日

要读点童书

亲爱的老师们：

大家好！

今天的天气有点冷，大家要注意自身的保暖，同时也要多留心班上孩子们的穿着。这周和大家聊的话题是——要读点童书。

与人聊到读书的话题时，总有人说自己不大喜欢阅读教育类书籍。可能是因为我们在读师范专业时，受我们所读的教材的影响，认为教育类书籍一定是枯燥无味的。其实，所谓的教育类书籍，应该是一个很大范围，不应该只是枯燥的教育理论。就像我们要求学生去读的儿童文学类书籍，我认为也可以成为对我们有用的教育类书籍。

比如我们在读《窗边的小豆豆》时，我们就能感受到小林校长办学的用心和他的办学理念；我们也能感受到在这样的学校里，小豆豆是多么幸运；更能体会到学校的教育对于孩子来说意味着什么。如果我们用心读了这本书，一定也希望自己的孩子能够遇上这样的学校，遇上这样的校长。

《一百条裙子》里的旺达，因为她的古怪姓氏和旧裙子，经常被同学们捉弄。一次，旺达说自己有一百条裙子，更是遭到了很多同学的嘲笑。最后她离开了这所学校，给同学们留下了她画的"一百条裙子"，还有一封信告诉大家她是多么怀念和大家在一起的日子。这让一群来不及写信道歉的孩子感到后悔和羞愧。从这些书中，我们能够看到平时学校生活中学生的一些影子。我们的学生就是这样的。我们要了解他们，读这些书实在是太有用了。

有时，我们也可以把这些书的故事讲给孩子们听，这可能比我们讲大道理要好得多。

那我们就从读童书开始吧！可有人会觉得童书是小孩子读的书，读那些书会不会很没面子啊？

当然不会！我们很多成人小时候都没有读过太多的儿童文学，现在来补一补这个缺口，还是很有必要的。我说童书像儿童食品，让人们读起来有一种"很好吃"的感觉；童书又像儿时的照片，勾起我们对童年的许多美好回忆。

在读《鲁滨逊漂流记》时，我被主人公鲁滨逊那奇迹般的人生经历所吸引，只花了一个下午的时间就把整本书给读完了。虽然我不能自己经历这样一个奇迹的人生，但是在书中体验到了。从离家出走到逃脱海盗，又到落入荒岛，在荒岛上艰难地生存下来，最后回到英国。整整 28 年 2 个月零 19 天。每看完一章，我就迫不及待想看下一章的情节。就像吃又甜又脆的陶山甘蔗一样，吃了一节又想吃下一节。

在读《时代广场的蟋蟀》时，同样也被书里的情节所吸引。蟋蟀柴斯特从乡下来到城市，成了一只大名鼎鼎的"音乐家"蟋蟀，最后却选择回到乡下。这个故事也会让我们反问自己当下所追求的，是否真的就是自己内心想要的？

《夏洛的网》《青铜葵花》《柳林风声》等儿童小说都会让我们沉浸在情节中，感受到人的一生中有这样一份暖暖的友情，那是多美好的一件事。

除了阅读小说之外，我们还可以去读一读绘本、童话故事、神话故事等。

我想当你读了越来越多的儿童文学后，你和班级里的孩子就有了更多的共同语言，而班上的孩子也会越来越喜欢读书。

我想当你读了越来越多的儿童文学后，就会发现童书那无穷的魅力。甚至对儿童读物变得爱不释手。

我想当你读了越来越多的童书后，你会很惊奇地发现，原来童书也可以是教育类书籍。

多读点童书吧！

祝大家都爱上童书！

与大家同行之人　周国平

2017 年 11 月 20 日

学会研究

亲爱的老师们：

大家好！

"天下论文一大抄"这句话我们都耳熟能详。为了评职称，同学之间交换彼此的论文参与评比，甚至很多人花钱买论文，这都司空见惯了。有些老师看不惯这种做法，就选择不写论文，也不评职称，来表达不满。我身边有几位老师朋友，他们就认为论文都是抄的，拿第一就是通过关系的。

说实话，我曾经也这么认为过，但现在我彻底改变了原来的看法。最好的论文，都是老师们自己实践出来的。优秀的老师，总是把教育教学中，碰到的一个个难题，当成自己研究的项目，他们思考、再思考，实践、再实践，最后把自己所思、所行整理成文字。这样的文字，才是真正对教育教学起到促进作用的。

为此，本周我想和大家谈的观点，就是要学会研究。

首先，不要把研究看得过于神秘。许多老师觉得自己年纪轻轻，水平有限，搞研究不是自己的事。这种观点，一定会阻碍自己的专业成长。其实，教育教学的实践研究，我们一线教师是最有发言权的，因为我们整天都在教育教学的现场。教育教学的研究所涉及的面极为广泛，教师与学生之间的关系、学生与学生之间的关系、学生与学习之间的关系，都是研究的课题。因此，与专业的教育科研人员相比，我们有着得天独厚的优势。

其次，要学会发现问题。世界上并不缺少美，只是缺少发现美的眼睛。在教育教学科研路上，同样也是需要一双会发现的眼睛。只有发现问题，才有沉下心来研究的可能。全国知名班主任钟杰老师给我们分享了她的教育智慧。她就能从一个行为古怪孩子的背后，发现造成孩子行为异常的原因。并且，通过自己的努力，改变了这个孩子。钟杰老师也因此成了这个孩子生命中的"恩人"。

平时工作中，经常遇到一些问题学生，而这些学生就是我们研究的最好对象。教育教学中，我们遇到的一些难题，如学生朗读能力偏弱、学生作业速度慢等，也都可以成为我们研究的课题。

再者，要有搜索解决问题的能力。有这样一类老师，他们能够发现问题，但只是抱怨这些问题带给自己的麻烦。这样不仅不能解决问题，还给自己带来不开心。我们在发现问题的同时，更重要的还是要去寻找解决问题的办法。我经常这样说，我们所遇到的大部分问题，早就有许多优秀教师遇到过，而且解决了并出了书。因此，我们应该要大量阅读。通过学习他人的经验，来成就自己和学生。

当然，我们的同事也是我们学习的对象，年轻老师要多问、多看、多学。优秀的老师自然有他们优秀的地方，不要去嫉妒，不要抱怨不公平，而是寻找彼此的差距。另外应该学会思考，用自己的方法来解决问题。因为问题在你身边，只能靠你自己来解决，任何一种帮助都得要通过你才能完成。

最后，还要学会记录。我们发现问题，解决问题，再把我们这一路的想法和做法记录下来，就是一种教育教学研究。按照论文格式一梳理，就可以成为一篇很好的论文。在整理和记录的同时，会让我们更深入地思考，而这种思考最终又会促进我们的教育教学实践。所以，我们要注重平时的记录和积累。我们总是很羡慕别人出手很快，质量很高。其实，都是平时记录的结果。

老师们，苏霍姆林斯基说："如果你想让教师的劳动能够给教师带来乐趣，使天天上课不至于变成一种单调乏味的义务，那你就应当引导每一位教师走上从事研究的幸福道路上来。"

学会研究，应该要成为我们全体老师共同的目标。

祝大家学会研究，高效愉快地工作。

与大家同行之人　周国平

2017 年 12 月 25 日

2018，从"东写西读"开始

亲爱的老师们：

大家好！

2015 年 9 月 6 日我来到桐小。与大家从相识，到相知。今天是一起度过的第三个元旦。不知不觉间，我们在一起共事已有八百多个日子了。在这八百多个日子里，有老师退休；有老师刚上三尺讲台；还有老师调离了。但是，不管怎么样，我们始终有一个共同的名字——桐小人。我表达此番言语，目的就是想告诉大家，我们要彼此珍惜，共同温暖，一起成长。

今天，我们在这里欢聚，一是共同庆祝元旦；二是启动我们的"东写西读"活动。为什么选择这个时候？还记得 2015 年的冬至吗？就从那天开始，我为大家朗读。选择一个时间点，就是营造一种仪式；营造一种仪式，就是让大家把日子过得更有意义。这样，当许多人问起我们学校什么时候开始"东写西读"，我们会很清楚地、很自信告诉他是 2018 年的元旦。因此，这个元旦的意义就不一般了。

为什么把我们接下来启动的"一周一篇"活动取名为"东写西读"呢？与大家相识以来，我们通过批注式阅读、共读一本书等活动做了大量阅读与写作的事儿。我把这样一件事做成了课题——《"读写"校本研修方式促进农村教师成长的实践与探究》。从课题的题目，我们可以看出做这件事的目的很明确，就是促进大家的成长，方式就是读写。

对于老师成长来说，"读写"是最经济、最实惠的一条捷径。但是捷径就不是宽阔的马路，一定是山间小路，有坡度，有阶梯，很狭窄，它喜欢有体力、有耐力、更耐得住寂寞的人。因此，"读写"看起来简单，做起来是很难的。我们想把这样一件有意义又有困难的事做得有意思一些，于是就取了"东写西读"

这样一个名字。

东写西读，即有一种东走西逛的感觉，是一件很生活化的事情。许多老师害怕写作的原因就是"有规定的写作"。而"东写西读"这个名字告诉大家，你可以写你自己喜欢的任何文字，比如随笔、游记、育儿日记等，字数不限。同样，你也可以喜欢读任何书。这个名字就想给大家一个信号：我可以东写西读。

东，即旭日东升，代表早晨；西，即夕阳西下，代表晚上。我们当老师的白天都在学校里，要做的事情很多，没有时间读书。而早晨和夜晚，就是我们读书的时间。一日之计在于晨，我们可以和学生一起晨读；夜深人静之时，我们可以写下一天或一周的所思所想。

总之，东写西读就是让大家利用一些东走西逛的时间，读一读，写一写。

有人说每一个普通的改变，都能改变普通。老师们，我们启动"东写西读"，就是一次普通的改变，微微地改变了一下我们的生活方式，而这个改变，一定会让我们变得不再普通。虽然只是微微地改变，但是坚持会让我们变得不一般。

有人说坚持最大的敌人是借口。坚持就是要我们学会放弃找借口。在"挑战 15 篇"和"51 读写行动"中，我特别感动戴晓珍老师说的那句话："为了写作，不再是追剧追到半夜，而是等孩子入睡后捧着电脑或手机，完成挑战 15 篇。"真的，只要你不找借口了，时间总是有的。

老师们，不找借口，坚持这份改变，我相信十年后的今天，你一定会感谢今天的你自己。

2018，让我们从"东写西读"开始吧！

祝老师们新的一年有更多的收获！

与大家同行之人　周国平

2017 年 12 月 28 日

做一位会思考的老师

亲爱的老师们：

大家好！

本周的话题是"做一位会思考的老师"。也许你们会问：难道我们很多老师不会思考吗？

或许真是这样，吴非老师曾说，一所学校最可怕的是一群愚蠢的老师在兢兢业业。当我第一次看到这句话时，我突然意识到自己不会思考了，或者说没有想过自己为什么这样教书。一毕业就走上讲台，全凭自己脑海里过去老师的样子，手捧一本教科书手握一支粉笔，就开始滔滔不绝。班级管理、学科教学等几乎没有新意，管理靠吼叫，学科靠做题。如此，天天乐此不疲，还以爱岗敬业自居。放眼望去，我们许多老师真的都是这般兢兢业业，但唯独不知道自己为什么如此这般。

没有思考，自己在学科专业上就没有进步，只能眼巴巴地看着别人拔高成长。没有思考，工作就没有创新，在岗位上就发挥不了自己的智慧。校长布置一件，你完成一件，工作乏味，没有成就感。

古希腊哲学家苏格拉底说："未经思考的人生不值得一过。"笛卡尔说："我思，故我在。"孔子说："学而不思则罔，思而不学则殆。"因此，学会思考，做一个会思考的老师，这应该是我们的追求。

教一门学科，我们要思考：这门学科究竟是想培养什么样的学生？我当下所做的是否朝这个目标？是否还有其他方法可以让我们的教学更有效？有了这样的思考习惯，我们的方向性会更明确，我们的教学效果也会越来越好。

带一个班级，我们要思考：我要把这个班带成什么样子的？我所做的这些是否都围绕着这个目标？别人是否有更好的班级管理办法？为什么同样一个班级，在不同老师的手上，会有完全不一样的形态呢？我们这样去追问，这样去思考，定能够拓宽我们的思路，定能够提高我们的带班能力。

作为学校管理者，我们要思考：我在这个岗位上，究竟想做成什么样子？我有没有围绕这个样子去做？有没有更好的经验可以学？每一个岗位，都要有自己岗位的目标，并为之负责。带着自己的思考，朝着目标努力实践，就能够在这个岗位上找到成就感，拥有自己的话语权。

做一位爱思考的老师，首先得要热爱学习。我们每周一次的批注式阅读，虽然只是一篇文章，但是只要你写下自己的批注，你的思考就已经开始了。我们的"东写西读"活动，没有任何规定，但是你坚持下来，你的思考力就会提升。因为哪怕再短的文章，只要写出来，总是经过脑子的。

其次，更要懂得实践。只有实践，才能证明自己思考得正确与否；只有实践，才会让自己的思考更加深入。这次我作为"小妙招"征文的评委，看了一百多篇"小妙招"，发现我们评委一开始就一致认为是一等奖的文章，都是让人一看就知道作者很有想法，做得很扎实、很有成效的。

最后，做一位爱思考的老师，一定要多问几个为什么，我能怎样做，多从自身去找原因。不能一碰到问题，首先想到的是学生的原因，想到的是家长的原因，想到的是同事和领导的原因。这样，你就找不到自己的原因，成不了真正会思考的老师。

会思考的老师，懂得如何经营自己，让自己拔节成长；会思考的老师，懂得如何带好一个班级，让自己幸福在班级里；会思考的老师，懂得利用自己所在的岗位，发展学校，成就自己。

让我们都做一个会思考的老师吧！

祝各位在新的一年里收获更多！

与大家同行之人 周国平

2018 年 1 月 8 日

教师的付出与得到

亲爱的老师们:

大家好!

上周与大家谈的话题是"做一个会思考的老师"。作为老师,有思考才会有成长。而在成长的道路上,必定会碰到"付出"与"回报"这两者关系的问题。

应该说,回报的前提是付出,这毫无疑问,天下没有免费的午餐。泥水匠今天上工一天,就能拿到三百元的报酬;画家为人画好一幅画,就可以得到相当可观的报酬。有付出就有回报,就有收获。在许多行业里,人们的付出能化为看得见摸得着的回报。然而作为教师群体,或许很多老师会觉得我们的付出,很难看得见回报。

为了不让学生掉队,老师付出了自己的时间,把没有完成作业的学生留下来,一个一个地督促完成,导致没有一次是正常的晚饭时间到家,要是遇上路阻,那时间就更没底了。而且,把学生留下来,家长还不乐意;你很迟回家,家人又不高兴;这么兢兢业业,校长又没有看到,即使看到了,也不会给自己加工资。这样的付出,我们得到了什么?

一位老师在班级里开展学生共读活动,布置学生和家长一同去书店买书,结果电话铃声响了,从电话那头传来了极为不满的声音:"你们学校里搞什么都不知道,要我们家长去买书,哪有空啊?"遇到这样的家长,我们的付出,得到了什么?

也有老师认为自己天天早早到学校,从早忙到晚,对待工作认认真真,对待同事诚诚恳恳,可是各种先进荣誉都与自己无缘。

我们的付出经常是这样看不到回报的。因此,有一些老师,开始自暴自弃,对学校的事情漠不关心,甚至还产生各种各样的情绪。

但是静心细想，果真是这样的吗？当然不是，付出总是有回报的。教师这一职业有着它独有的特性，它是一项慢的事业。张文质说，教育是慢的艺术。既然是慢的事业、慢的艺术，它的回报也应该是慢的。

对后进生的帮助和指导，不可能在短短时间内有明显的进步，这是一个长期的工程。这样的工程是需要教师具备克服各种困难坚持到底的精神的，只有长期坚持才能看得见回报，即学生的成长。教师也因此获得了宝贵的辅导经验，成长了自己。上周徐燕老师写了一篇博文《干一行，爱一行》，讲述了自己组织班上的后进学生进行辅导，在文章最后反问自己：这样做值得吗？她的回答是，这些孩子在某个时间，一定会以他自己独有的方式温暖自己。所以付出总是有回报的，它需要我们耐得住寂寞。

其实，当我们友好地把这些学生组织起来，就已经拉近了师生间的关系。我们要是再敏感一些，用心去感受，用心去对待，就能感受得到。能给我们创造惊喜、编织故事的，往往就是这些孩子。许多名师在讲述自己的教育故事时，不就都是这些孩子吗？付出总是有回报的，它需要一颗更加敏感的心和一双更加敏锐的眼睛。

有一种付出叫有计较的付出。这种付出是很难有自我认可的回报的。比如有的老师在成长路上非常着急，做任何事情总是利弊权衡，看到于自己有利就付出，于自己不利的就避而远之。从自己的角度去看自己，感觉已经付出了很多，可是却得不到大家的认可。

我更喜欢一个词"路遇"，即在成长路上不需要计较自己的付出，只要上路了就好好走下去，如果遇到回报那就欣然接受，如果没有也不必强求。事实上，但凡凭着这种心态去做事的人，往往收获更多。有付出总是有回报，它同时还需要一颗不计较的心。

老师们，我们既然已经选择了教师这个职业，就应该遵循这个行业的规则，耐得住寂寞，拥有一颗敏感的心，不计较得失，我们的付出终究都会得到回报。

祝大家付出都有回报！

与大家同行之人　周国平

2018 年 1 月 16 日

让寒假有点文化味

亲爱的老师们：

见信好！

大家见到这封信，也就意味着这个漫长的学期即将结束，而寒假里的阳光已经在召唤我们。此刻，想必大家已经迫不及待地等待着本学期的最后一次会议——教师总结会了吧？嘿嘿，人之常情，你我皆有。

一个学期的忙碌之后，有这样一个寒假，实在惬意得很。我总是想象着在冬日的阳光里，或坐在院子里，或躺在飘窗上，或坐在屋里的某一个角落，总之一定要有太阳，让阳光洒满整个身体，一双温暖的手捧着一本心仪的书，一页一页地翻阅，不知阳光渐渐西斜，如此心无旁骛、心旷神怡！

每当想到这，我总是暗暗庆幸自己是一名老师！

老师们，寒假即将来临，你们有什么打算吗？

前些日子，有老师已经开始计划假期里去哪旅行。这是一件挺好的事，利用假期好好领略万水千山，感受异乡风情。旅行，能够让我们身心得到放松，又能提高我们的审美能力。更重要的是，如果是一家人一起旅行，又能增进家庭成员之间的亲密关系。走吧！来一场说走就走的旅行。

有部分老师是要在家里带孩子的；还有几位老师是在准备当妈妈的。上次聚会时，看陈婷老师左手抱一个，右手牵一个，真让人体会到了为人之母的不易。同时，也让我对陈婷老师多了几分敬意。准备当妈妈的老师，你们可要有心理准备哦！当妈妈可不是那么容易的。嘿嘿，准妈妈们假期里想必也有许多事情可做了，为宝宝准备物品、胎教等。有了孩子的陪伴，我相信你们的假期一定是很充实的。

可能还有一些老师是没有计划的，反正寒假每年都有，"年"每年要过，该吃的饭总是要吃的，该串门的依然都是要去的，没有什么好计划的，每年如此。

寒假到了，老师们都给学生们布置了寒假作业，作为校长，也应该给老师们布置点寒假作业吧。

我的作业，其实不用布置大家都知道，无非就是读读写写。我们的"东写西读"活动在进行，有的老师经常在博客里发表自己的文章，已经养成了习惯，非常值得大家学习。那么，第一个作业，就是请大家一定要坚持每周完成一篇文章。

第二个作业就是寒假共读一本书。今年寒假我推荐大家阅读的书是《平凡的世界》《时代广场的蟋蟀》《塔克的郊外》《给青年的十二封信》，如果可以，建议大家每一本都读。真不行，请大家一定要读完两本童书《时代广场的蟋蟀》和《塔克的郊外》。这两本书都是美国作家乔治·塞尔登写的，后一本是前一本的续集，是讲述关于友情、关于环保话题的儿童小说。读来一点都不费力气，就像是看一场电影。四至六年级的老师，可以布置给学生，让学生参与共同阅读。明年开学第一课就可以上《我们来聊聊书吧》。

第三个作业，我想让大家看一两场电影。《地球上的星星》是一部印度电影，影片由阿尔米·汗执导并参演，讲述一名后进生是如何被一位美术老师发现、赏识，最后找回自信和快乐。《美丽人生》是一部战争类影片，讲述一对犹太父子被送进了纳粹集中营，父亲利用自己的想象力，把被关在集中营说成是一场游戏，竭尽全力保护了孩子，最后自己惨死的故事。这两部电影，我会把视频文件找出来，发到群里，到时候大家下载观看就是。

或许有的老师已经看过这些电影。没关系，你可以选择再看一次，也可以选看另外一些电影，并推荐到我们的群里，让我们共同分享。

老师们，寒假即将来临，天气也似乎越来越冷。温州市图书馆大门有一副对联："刚日读经柔日读史，十年树木百年树人"。我想，我们也可以有阳光的日子读书，没有阳光的日子在家里看电影。

让我们的寒假变得有点文化味！

祝大家寒假快乐！

与大家同行之人　周国平

2018 年 1 月 29 日

让自己行动起来

亲爱的老师们：

大家好！

上周给大家的一封信是《开学了，准备好了吗》，季信心老师在回信中讲述了自己参加"51读写行动"和"东写西读"等活动的一些体会：从紧张到"恍然大悟"。虽然文章很短，但是我读出了她对阅读和写作的一种亲近；读出了她对专业成长的渴望；读出了她对家人和生活的热爱。

真好！拥有了"亲近感"，拥有了"渴望"，拥有了"热爱"，就像是一棵树拥有充分的阳光、水分和营养，一定会在时光里成长起来，茂盛起来。

一位老教师看完开学第一封信，在我的朋友圈写下了这样一段话："我很认真地阅读完毕，而且有些地方还多读了几次，不禁自问：我准备好了吗？我打算怎样做？你的文章给人启发，给人引领，给人激情，给人深思……"从这番言语中，我能够感受到这位老教师的真诚，感受到她真的在思考自己该怎样做。

我在开学的第一封信中，列举了"抢红包"的游戏，不知道有没有给大家带来启发？昨天，我在朋友圈中看到了山东李玉新校长的学校做了这个活动，好多朋友都给他点赞，他谦虚地回复说临时学的。我不知道是否是从这封信中得到的启发？但不管怎样，我对李校长这种学以致用的精神和谦卑的态度，发自内心的、由衷的赞赏。

陈璋怡老师看完信后，模仿了"抢红包"的游戏，创造了一个"发饼干"的活动：一人一个饼干，袋子外面贴着贴纸，上面写着很多"福利"，如"免做作业一次"、"去图书馆看书"、"奖本老师签名的本子"、"和老师共进午餐"、"奖一元"等。据说，小朋友们很高兴，尤其是抽到"免做作业一次"的，都给乐坏了。看，就是这样一个小小的活动，带给学生多少欢乐呢？

平时，我们听讲座、听课，或者是阅读一本书，总会有一些让自己有所启发的东西。但是大多时候，都只是当时很心动，过后一动不动。所以说心动不如行动，一定要让自己行动起来。

让自己行动起来，不应该成为一句空话。

刚开学，许多老师可能会对学生讲新学期的要求、新学期的新规定。这种先制定共同遵守规则的方法，是很有必要的，也会是很有效果的。但是，如果这些规定和守则，没有得到真正的落实，只是一种雷声大雨点小的形式主义，那势必会适得其反。

让自己行动起来，不要在学生面前讲空话。为了不让自己信口开河，我建议老师们要准备一本专用笔记本。自己想要做什么，说什么，都先写在本子上。这样，讲的时候会有理有据；做的时候会有计划、有条理。千万不要自己突发奇想，想到什么说什么，这样很容易在学生面前失信。

还记得去年春天，我们做了一个"每月一事"的活动，大家都把自己想要做的事粘贴出来。有的老师坚持给自己的孩子读故事；有的老师选择了每周读书；有的老师每周练习书法。一年过去了，不知道这个活动是否对大家有所影响？

2018年元旦开始的"东写西读"活动，有的老师做得非常好，几乎每隔两三天，就写一篇文章。读书体会、带孩子心得、值班感想等各种主题，都在博客上亮出来。特别难得的是，在同一期的《1+1教育旅行周刊》电子刊物上，同时刊登了我们学校四位老师的文章。那一天，我特别激动，立即把这个消息告知大家。看吧，写着、写着，就会越写越好。

不管是对学生，还是对自己，想要学有所成，想要专业成长，行动起来是最重要的。老师们，让自己读起来，写起来，做起来吧，让我们每一个人都能成为自己喜欢的样子。

祝大家心想事成！

与大家同行之人　周国平
2018 年 3 月 6 日

找到自己的心流模式

亲爱的老师们：

大家好！

最近有一个词很流行，就是"心流"。这个词是由美国的心理学理论之父、积极心理学奠基人之———米哈里·契克森米哈赖提出的。

"心流"是指我们在做某些事情时，那种全神贯注、忘我投入的状态。这种状态下，你甚至感觉不到时间的存在。在这件事情完成之后，我们会有一种充满向上的能量，而且非常满足和享受。

如果我们工作时经常处在这种"心流"状态下，那将是一件多么幸福的事情。我们也会因此更加热爱这份工作，更加享受这份工作，更加出色地做好教书育人的工作。

那么，且让我们闭上双眼，好好地想一想，自己是否有过"心流"的体验？

大家是否有过坐在公交车上，戴着耳机聆听一本书或者一首歌，而下错了站？是否有过一堂非常有感觉的课，而忘记了下课铃声已经响起？

如果有这样类似的经验，就说明你已经有过"心流"。

作为学校管理者，我经常接受各种各样的检查，需要去做一些台账。但我会从封面、目录及档案盒等一些细节着手，做一些小小的创意，让它变得更加美观一些。专心地去做这些台账的时候，每次一坐在电脑前，就是好几个小时，不断地打印出自己设计好的封面，一张一张小心翼翼地贴在各种材料上，然后把这些材料一本本地放置在办公桌或者沙发上，端详着这一本本成果，心里特别地满足，从来不知道什么是怨言。

在碧山小学担任学校大队辅导员时，每周五下午放学后，就是我组织的少先队干部活动和学习的时光。几年如一日，在这个时间段里，我会安排一些拓展活动、读书交流活动等，让大队干部凝聚成一团。当时，没有人要求我这么做，我就是自己乐意做，觉得这么做不论是对学生还是对自己的工作都会有帮助。而当自己全身心投入地去做一件事时，一定会有人看到，也一定会在某个时间段成就自己。时任唐圣伍校长，多次在教师会上表扬我的这一做法，在首期教育中青班培训报名时，亲自领着我到学区去报名。

不管是在整理档案材料，还是给大队干部做培训，我的状态就是"心流"的状态，而当我处在这种状态下，工作便成为一种乐趣，成为一种能够体现自己人生价值的一个载体。越全身心地投入工作，就越能从工作中体验到幸福。

上次市级数学公开课，两位讲课老师的这种体验也应该是比较强烈的。她们为了备好课、上好课，一次次地修改、一次次地试教，最后呈现出一节精彩的课。在这个过程中，她们一定会觉得时间不够用，一定会为某一个成功的改进而感到内心愉悦。在这个过程中，她们就是处在"心流"的状态下，虽然很辛苦，但是很快乐。

那么，我们又如何在平时的教育教学工作中，找到自己的"心流"模式呢？每一个人都有自己的特点，都有自己的爱好特长，不妨从自己身上寻找一种可以与教育教学连接的爱好特长，制定一个可视性的目标计划，让自己朝着每一个阶段目标去努力，当一个个目标达成后，一定会感受到成功的喜悦。其实，最后把这些实践的过程总结提炼一下，就能成为一篇很好的论文。

霍姆林斯基说："如果你想让教师的劳动能够给教师带来乐趣，使天天上课不至于变成一种单调乏味的义务，那你就应当引导每一位教师走上从事研究这条幸福的道路上来。"这就是让老师们在研究中，寻找到自己的"心流"模式，体验职业幸福。

孔子说过他自己是这样一个人："发愤忘食，乐以忘忧，不知老之将至"。的确，当我们专注而投入地去工作，就会有"不知老之将至"的感觉，就一定会找到自己的"心流"模式，就一定能感受到工作所带来的职业幸福感。

祝愿每一位老师都能找到自己的"心流模式"！

与大家同行之人　周国平
2018 年 4 月 9 日

结交正确的朋友

亲爱的老师们：

大家好！

人间四月天，正是读书天。上周二，我们综合组开展了一次读书交流活动，每一个人都畅所欲言，退休的叶老师也参与其中，并表示要和我们一起共同读完这本书。叶老师不仅给我们提供了温馨舒适的交流环境，还提供了丰盛的晚餐，她的热情好客总是那么让人温暖。

在她那里，我就觉得特别自然，就好像是在学校一样。叶老师的好，有时总会让人产生一种错觉，感觉她就像是一位很亲很亲的亲人一样。

叶老师人缘极好，在职期间和同事相处很好。对于比她年龄小的老师，她就像一位长辈一样照顾着我们；对于比她年长的教师，她就像晚辈一样处处替他们着想，她与退休教师关系密切。这上上下下，她都相处甚好，真是人见人爱。在与人交往上，我们年轻人真该好好向叶老师学习，学习她的热情待人、她的慷慨大方和她的善良正直。

与人相处、与人交往是一门艺术。常言道，看一个人的人品如何，只需要看他所交往的朋友人品如何就行。也就是说，身边的朋友如果个个都人品优秀，那么这个人的人品是不会差的；反之，如果身边的朋友是偷鸡摸狗的，那么这个人想人品好都难。因此，与什么样的人交朋友就显得特别重要。那么，本周就与大家聊聊这个话题——结交正确的朋友。

学习过打乒乓球的人，会有这样的经验：如果天天和自己水平差不多的人一起练习，自己的技术是很难得到提高的。哪一天，突然与一个高手过招之后，会发现自己的水平明显提高不少。那么，在我们的交往中，如果能够交到比自己优秀的人做朋友，自己也会慢慢地变得与他们一样优秀。

所以，交朋友，首先要交优秀的朋友，德才兼备的朋友。

《论语·学而》第八章："君子不重则不威。学则不固。主忠信。无友不如己者。过则勿惮改。"其中"无友不如己者"这一句，有的解读是不与不如自己的人交朋友；如钱穆在《论语新解》中，提出：与不如己者为友，无益有损。择友如择师，必择其胜我者。能具此心，自知见贤思齐，虚己向学，谦恭自守，贤者亦必乐与我友矣。钱穆的意思很明确，意思就是不要跟不如自己的人交朋友。还有一种解读是孔子谦虚，认为没有朋友不如自己。

不管怎么说，这里头都透露出两层信息：一层信息就是要与优秀的人交往。见贤思齐，择其善者而从之，如此，自己会变得越来越优秀。一层信息是果断与自己志不同、道不合的人断绝来往。《世说新语》中有管宁割席的故事：管宁发现华歆与自己志不同，道不合，果断与其割席而坐，从此不与之交朋友。古人对待交朋友，是非常慎重的，因为他们深知朋友对人的成长会产生巨大的影响。孟母三迁，也算是一例吧！

其次，交朋友，还要交正直、诚实且见识多广的朋友。一个真正的好朋友，总是值得你信赖，值得你尊敬。他关心你的成长，鼓励你追逐梦想，不会在你面前一套，在背后又是一套。他或许会直言不讳，或许偶尔会给你泼冷水，甚至让你感觉不到他是一位真正的朋友。但是，他所做的一切都只因为你是他朋友。我们要认清楚这样的朋友才是值得一交的，不要被巧言令色所蒙蔽。

生活中，总是会有那么一种人，花言巧语，嘴巴跟抹了蜜似的，说出来的话甜得让人受不了。也总会有很多人，结交了这样的朋友而后悔不已。

老师们，我们都知道物以类聚，人以群分。什么样的人会感召什么样的朋友，我们想拥有什么样的朋友，首先得让自己成为什么样的人。如果我们结交的都是优秀的朋友，我们就会变得很优秀。

祝各位都能找到真心朋友！

与大家同行之人 周国平

2018 年 4 月 16 日

在博客里一起成长

亲爱的老师们：

大家好！

本学期，校长、教师的交流工作已经拉开序幕。今年我们学校的詹友海和郑洁两位老师都已经到了交流时间。我根据上级文件精神，将这两位老师的情况进行了上报。

郑洁老师听说此事，最近感到阵阵烦恼，茶饭不思，夜不能眠，生怕自己被交流到更远的学校去。这种对未知的恐惧，是人类之常情，实属情理之中。在与她交谈中，她还道出了对同事的不舍，对工作了十二年的学校的留恋，更是对目前学校这种积极向上，努力学习的氛围而感到恋恋不舍。

她说："如今，自己已经习惯了与大家一起读读写写，就连坐公交车都可以写，打开手机输入到微信中，回到家可以转入电脑。我想好不容易让自己变成如今这样的积极向上，只怕到了另一所学校，又会把自己打回原形。"

我在她的博客里给她留言："不管到哪里，希望能够保持我们这几年努力养成的写作习惯。因为在这里（1+1教育博客），我们彼此都可以互相关注。"

与大家共处的三年里，我争取了许多让教师展示的机会，如公开课、讲座分享、文章发表等。我最看重的是教师的阅读和写作。我一直在努力推动大家阅读和写作，原因就是要点燃大家主动成长的内心之火。而当这团火被点燃之后，给自己带来的改变和影响，是完全出乎自己的预料的。

陈璋怡老师在谈及"东写西读"给自己带来的影响时，这样说："写多了就自然了，就习惯了。就连我和老公发生点矛盾，彼此也都会用书信的方式来沟通。这次，我给他写了一封2500字左右的信，他居然也给我回了一封差不多字数的书信。"她还说，在书信中交流，彼此情绪变得温和多了，交流更加顺畅了。

听到他们的这番言语，我内心由衷感到高兴。常有人说，何必那么辛苦，反正改变不了的。但是，自己多年的经验告诉我：做与不做，完全不一样。

不做，绝对不可能发生改变；做，就很有可能改变一切。

没想到，我每周坚持给大家写一封信的活动，会让陆一老师开启了每月给家长写一封信；会让陈璋怡老师用书信与老公交流。不仅影响到了身边的同事，还影响到了湖南的校长。没想到，我坚持给老师、给学生的朗读活动，会让戴晓珍和张丽娜等老师在班级让孩子开展朗读，让家长在群里开始流行录制故事的风气。

当我们努力地、用心地、专注地去做一件事时，一定会给自己带来意想不到的收获。

在博客上，也是如此。

我们在博客上写东西，不是为了发表，而是记录自己的一些想法和体会。在这里，我们心无旁骛，我们没有功利，我手写我心，我手写我思，我手写我行。写作，让我们学会观察各种现象，让我们学会反思自己，让我们学会关注教育中平时被忽视的一些细节，让我们体会阅读的重要性。写作，让我们能够达到如此这般真好！

让写作良性循环起来。为了更好地写作，我们会更努力地去做一些事情。只有做得好，才能写得好。前天，朱永通老师在瑞中分享时说："不要急着出书，书不是写出来的，而是做出来的。教育写作，首先是教育，其次才是写作。"我们一边好好做，一边好好写，做是为了能更好地写出来，写又是为了更好地去做。

我们在博客上一篇一篇地更新，许多故事都是来自当天的教学现场。这样的文章写得越多，思考就会越深，我们把握教育的尺度，理解教育的深度，就会越具有专业性。如此，写作就能真正起到为教育服务，为成长铺路的作用。

当然，写从来都是和读分不开的。要想写得好，更重要的还是要多阅读。多阅读，常写作，勤思考，真行动。让我们在博客中共同成长起来吧！

祝愿大家读起来，写起来！

与大家同行之人　周国平

2018 年 4 月 22 日

像生意人一样经营自己

亲爱的老师们：

大家好！

前段时间有过和祥平爸爸聊天的机会，虽然我们只是初次见面，他却给我留下了极深的印象。因此，我又想到了一个话题，要像生意人一样经营自己。

坐在他的店里，我只有聆听的份儿。从给我泡茶开始，到送我至门口告别时，他一直在滔滔不绝，分享了自己几十年前的起家经历，和后来作为村代表参与"安阳城"拆迁工作的经验，以及作为房地产中介的从业感受，拉家常般地向我讲述了他的故事。

回来的路上，我一直在想做生意的人，就一定要能说会道。试想一下，如果我们走进一家店，店里的老板或者营业员，从不主动向我们介绍和推销他的产品，我们会购买这家店的商品吗？因为许多顾客都是初次见面，要让自己给顾客带来信任感，就要把自己推销给顾客，让他们信服你。如果与顾客之间建立了信任关系，那么生意就变得好做多了。

我们作为老师不也应该是这样吗？与学生相处，与家长打交道，首先就是要赢得学生和家长的信任。而想要赢得信任，很重要的一点就是要能说会道。把自己的想法、自己的理念，通过自己的嘴表达出来，让他们能够感受到我们的初衷。我们发现，许多有经验的老师，都是精通于做各种思想工作的老师，再不乖的学生到他的手里，都变得不敢撒野；再怎么不主动的家长，也会心甘情愿地为班级出力。我想，听完钟杰老师的讲座，大家一定深有同感。

都说生意人全靠一张嘴。其实任何与人打交道的工作，都离不开一张能说会道的嘴。天天与学生相处，与家长打交道的老师，更是如此。能说会道，其实就是教师职业中的一项专业技能。读师范时，我们有普通话和教师口语课。学校也非常重视，经常开展朗诵、演讲和辩论赛等活动，其目的只有一个，就是要让我们这些师范生练就一副好口才，从而更能够胜任教师这个职业。

有人会说，口才是天生的，我生来就不爱表达，更不爱在众人面前或者陌生人面前表达。持有这样观点的人，往往在生活和工作中，就不注意刻意练习，遇到要在众人面前发言表达时，能逃避就想方设法逃避。当然，久而久之，这样的人也就逐渐成为他自己所认为的不会表达的人。

当然，想要在口才上成为出类拔萃之人，或许是要一点天资的。但是，想要练成自己平时工作所需要的口才，是绝大多数人都可以做到的。

要知道，许多在台上侃侃而谈的人，一开始并不都是这样的。他们都是躲在房间里，一次次地模拟练习出来的。与大家分享自己成长经历的张津老师，就明确地告诉大家，她的每一次讲座分享，都是这么一次次练出来的。

如果说，我也有点能说会道的能力的话，这跟我平时的刻意练习也是绝对有关系的。

读师范时，每一次去阅览室，必看的杂志是《演讲与口才》。通过这本杂志，我更加体会到了口才的重要性，同时也看到许多好口才的案例。看多了，在生活中出现类似的情况，就会学着杂志里的表达方法来表达。参加工作后，各级各类活动，如学区大型文艺演出、镇里文化走亲等，领导安排我主持，我几乎从不拒绝。一次次上台，一次次练习。再后来，担任学校领导干部时，每一次会议的发言，我都会一个字一个字地把要讲的话，写在笔记本上。有时比较重要的会议，甚至要默默地练习很多次。

从开始时的心跳加速，到现在的不慌不忙，我的确感受到自己是在一步一步地成长。没有谁天生就会的，看看我们身边的同事：詹友海、徐祥平、潘丹丹等老师，他们在多次的主持和分享中，也慢慢地变得能说会道起来了。

生意人如此能说会道，就是在商海里不断地推销自己、推销自己的产品而练就的一身本领。我们应该要像生意人一样，去经营自己，锻炼自己的口才，提升自己的沟通与表达能力。

祝大家都成为能说会道的老师！

与大家同行之人　周国平

2018 年 5 月 8 日

学会经营自己

亲爱的老师们：

大家好！

上周和大家聊的话题是要像生意人一样能说会道。有朋友看完这封信，跟我说这是否会引起老师们的误会——鼓励老师巧言令色？我说，我也是这么想的，所以写完那封信，我就已经确定好了这封信的主题——光能说会道是不够的。

我们都知道，生意人要只是能说会道，而不注重自己的服务质量和商品质量，那是做不了长久生意的。在与徐祥平爸爸的聊天中，我得知他做了几十年的房产中介，积累了大量客户，在房产中介中具有一定的影响力。他说，他一直跟随某位风水先生，学习看风水的本领。平时，会以自己的一技之长，替顾客看风水。不管风水是否存在，现实中还是有许多人需要这种服务的。而他有了这样的一技之长，自然而然就会深得许多顾客的喜欢，生意自然就好。

由此，我又想到我们老师是否应该也要有这样一种专业以外的技能技巧呢？

塘下有一位科学老师叫吴文国，他有一项爱好——玩魔术，于是他就把魔术运用到科学课中，开发了"玩转科学小魔术"系列课程，赢得学生们的喜爱。全国著名特级教师、绍兴市金近小学校长何夏寿先生，自幼喜爱唱越剧。于是，他利用这一爱好，将小学生必背古诗词，根据一定的标准填入越剧中，以越剧的形式把古诗唱出来，让学生在这种喜闻乐见的形式中，积累大量的古诗词。温州市广场路实验小学的邓夏秋老师，因为自己喜欢看电影，就把这种爱好带到班级里。经过多年的实践，她开发出了一套电影课程，在全国范围内都有了一定的知名度。

由此看出，我们要是能够掌握某一项技能，又把这项技能应用到教学中去，会起到意想不到的效果。

生意人，想要有更多的回头客，就要凭借自己的一技之长，去服务好顾客。而老师，也应像生意人一样拥有一技之长，并将自己的特长运用到工作实践中，为教育教学创造更多的可能性。那么，我们就能够在自己的专业上有一定的话语权。

越是真心为顾客服务的生意人，越能把生意做大、做强。但凡有成就的生意人，他们都会以顾客至上，真心实意想顾客之所想。我们都知道有一个词语叫无商不奸，说的是商人都是奸诈的。但是这个词语原意并非如此，无商不奸本应该是"无商不尖"。

过去，商家买卖粮食时，卖家在量米时会用一把红木戒尺削平升斗内隆起的米，以保证分量准足。成交后，商家还会在米斗上添加一些米，让它鼓一个尖头，尽量让利于顾客。

清朝著名的商人乔致庸，农忙时，在他的乔家大院门前拴着三头牛，免费给农民耕地。而马云是一位非常会替顾客着想的生意人，他说："我们纯粹是为客户着想，当客户成功了，我们自然也会成功。如果客户不成功，就是我们的不成功。如果自己的客户做生意没有成功，丢脸的不是客户，而是自己。收了客户的钱，客户却没有做成生意，阿里巴巴员工比客户还要难过。"

因为有了这样一种经营理念，他带的团队可以创造出这么多的奇迹，成为商界的奇才。

作为教师的我们，也应该要有这种为客户服务的意识。而我们的客户就是我们的学生，如果我们真心实意地为他们服务，一定会创造出属于我们的奇迹。

前段时间，我在公众号里写过的丽水缙云的刘勇武校长，就是其中一例。他身处一个山村小学，但是他真心实意为学生创造良好的学习机会，为老师创造成长平台。在他的带领下，学校摘得多项国家级荣誉，成了全国知名学校。他也因此成就了自己，成为一名特级教师。

我们经常说，抬头三尺有神明，善恶终有善恶果。当我们一心一意地为我们的学生着想、为他们服务，总有一只眼睛在看着我们。

生意人不仅要能说会道，还要以客户至上，以优质的产品和服务赢得客户。我们教师亦是如此。

祝大家工作快乐！

与大家同行之人　周国平

2018 年 5 月 15 日

做一个爱思考的老师

亲爱的老师们：

大家好！

去年，我曾给大家写过这么一封信——《做一个会思考的老师》，不知道大家是否还记得。

而本周的这封信，又是关于思考的。这不是重复啰唆了吗？其实并非如此。许多老师看完《做一个会思考的老师》这封信后，可能觉得自己是会思考的，不会有什么太大的问题。那么，换一个角度呢？问问自己是否爱思考。

会思考，只是代表你具备这种能力，并非代表你会时常针对自己的工作情况，进行一番思考。而爱思考，则是要求我们在平时的工作中，经常思考为什么会这样，可以有更好的方法吗？

我们大多数人可能都只是会思考，但没有形成爱思考的能力，或者说没有思考的习惯。

今天下午的教师会上，潘丹丹老师给我们汇报了外出学习的成果。从汇报中，我们能够感受到她的认真培训、积极思考和用心准备。她在汇报中不断强调自己今后要做课题、做研究。我觉得这是好事，潘老师通过学习，意识到了研究的重要性。其实，我们每一位老师都应该要有这样的研究意识。一个老师只有不断去研究教育教学中碰到的各种疑难问题，才可以称得上是爱思考的老师。

我们平日里的教育教学，经常会遇见各种各样的问题，而这些问题也一直困扰着我们，但是我们很少真正把它当成一个研究对象，去研究问题的症结所在并寻找解决路径。我们最喜欢的就是，在办公室里与同事一起抱怨一番。而爱思考的老师则不然。他会努力寻找方法，通过自己的实践行动，来尝试解决所面临的问题和困难。

不管是过去作为副校长，还是今日的正职校长，我认为在推广阅读的路上，方法总是比困难多。在碧山小学推动大家阅读，想出了一招：听、说、读、写、看。在写的策略上，想到了刊出《教师成长文摘》；在写的内容上，想到了从育儿和旅行入手。就是这样，不断地去想、去思考如何带动大家一起来写。果然，都写起来了，而且写得越来越好，成了学校的一个特色。

到了桐小，我又在想该如何让大家写起来呢？从批注阅读，到挑战 15 篇，到每周一封回信，再到 51 读写行动，最后到现在的"东写西读"。大家应该感受到了我不断地在想招数，激发大家写作热情。

很多学校始终觉得现在的老师都不愿意写，都不会写。如果这样想，就没有真正在思考如何让老师们能真正写起来，找不到解决问题的路径，自然就不能带动老师们写作。

写作如此，读书亦是如此。共读一本书、做一次导读、请名家来做讲座等，不断地推出各种活动，目的就是带领大家真正地读起来。

在这些思考和实践中，我不断地积累各种经验和素材。如果说这种积累是一种输入的话，那么我写文章（论文）或者做讲座分享，就是一种输出。输入多了，当然输出就变成自然而然了，输出的东西价值也就更高了。不断地思考和实践，就会不断地输入；不断地输入就能不断地输出。如此良性循环，便会给人带来工作的愉悦感和成就感。

许多老师都有这样的感觉，自己工作很努力，可是论文获奖无缘、比赛得奖无门，感觉忙得一点都不值。而且，常常是我们刚刚做完教导处安排的活动，大队部又来了一个，忙完了大队部的任务，又要交论文了，如此一个又一个，忙个没完没了。正是因为这样忙，所以我们要经常思考。如果你只是跟着忙，那就忙不出成绩或成果；如果我们把"跟着忙"变成"主动忙"，或许就不一样了。

就拿教导处安排的图书借阅一事来说吧。我们如果把它做成班级的一项读书活动，把它称为"小小图书管理员"体验活动。我们可以设置阅读积分。达到一定积分能获取这个岗位的体验，让小小图书管理员来负责借阅，我们只需要负责拍照存档。这个体验活动，可以由 5 ～ 6 位管理员组成，每星期做一次，每一次借还 50 本书，其他时间可以让他们在图书馆里自由支配。如果这个事情做好了，不仅借阅量上去了，班级里还有了一个不一样的评价机制，更重要的是解放了我们，锻炼了学生。

一个班级如果长期这么做，这个事情就变得像吃饭一样简单，再也不需要我们老师操心。我们就又可以腾出时间去设计其他的活动。比如一周国旗下的讲话，我们学校规定讲话的内容是一个故事。那么，我们选择每逢双周的周三，进行班级午间讲故事比赛。由班级学习委员负责报名、主持，其他班干部负责打分，每次评选最佳讲故事能手。轮到我们班国旗下讲话时，我们就不需要另外再准备了。

同样一件要做的事，经过思考后，就从"跟着忙"变成了"主动忙"。如果写一篇关于学生阅读方面的论文，我们就有"双周讲故事比赛"和"小小图书管理员"体验活动的素材，写的都是自己所做的，自然就容易写，且写得真实生动。获奖了，自然就高兴，成就感便油然而发。这样的一种工作状态，就会让我们感觉到忙有所获，忙有所值。

各位，做一个爱思考的老师吧！

祝大家爱思考，敢行动！

与大家同行之人　周国平

2018 年 5 月 29 日

再谈读写，教师专业成长的必经之路

亲爱的老师们：

大家好！

每周一封信写到现在，我已记不清写了多少封，写了多少个话题，但是我知道自己为什么而写信。我就想通过书信的方式，来表达我的一些想法，记录我们办学所做的一些要事，聊聊我们存在的一些问题，期待在书信的交流中，能够解决一些问题，能够产生更多的一些思考。当然，也更期望在书信的交流中，我们能够更勤于笔耕，养成爱读书乐写作的习惯。

我不知道自己所做的努力，能否传达这样一种期望，也期待大家的反馈。

最近一段时间，我同时读完两部书：一本是金庸先生的《射雕英雄传》，一本是魏智渊校长的《苏霍姆林斯基教育学》。两部书一共有六本，前者故事精彩，言语描写生动，常常拿起来就不舍得放下；后者教育学理论叙述精彩绝伦，通过文章导读、引人思考的问题、详实的案例等带我重新回忆这20年的教育生涯，让我对当班主任又充满了无限的神往。

两部书交替轮读，每个晚上都是我非常期待的时光。尤其是读《苏霍姆林斯基教育学》时，遇到那些自认为特别有感觉的段落，更是迫不及待地拍照发到群里。或许，我所发的段落和文字，大家现在看起来不一定能够很好地理解。但是，我相信有了这样一次见面，有缘人下一次自己读到了，或者在工作中体悟到了，就会豁然开悟的。阅读，就是这么神奇。

所以说，有的书一次是读不懂的，但是不能不读。因为有了这一次的阅读经验，才会可能在第二次阅读时，突然眼前一亮——原来如此。如果认为反正第一次读不懂，那就不要读了，等到能读懂时直接读第二次吧。这就跟有人觉得第一碗饭吃不饱，那就直接吃第二碗是一样的道理。

就说我吧。

几年前，读苏霍姆林斯基的《给教师的建议》，与现在读他的著作，那种感觉是完全不一样的。之前，我只知道大家都说这本书好，于是就买来读。结果，打开第一章就觉得有点吃力，我是硬着头皮，把它翻阅了一遍。说实话，当时仅仅只是对苏霍姆林斯基提出的"阅读观"和"劳动观"有一个初步印象，觉得它们都很重要。比如，书中不断强调，给后进生再多的作业指导补差，是没有用的。真正的后进生补习，应该是给他们阅读。

但是，最近再读这本书以及他的其他著作，就发现我原来读得是那么肤浅。他所提的课外阅读，也并不是我所理解的课外阅读。苏霍姆林斯基所指出的课外阅读，属于他提出的"两套教学大纲"中的第二套教学大纲。第一套教学大纲，是教材中学生所应该掌握的知识；第二套教学大纲，是与之配套的课外阅读和其他相关背景资料。关于这方面的内容，我已经在会议上与大家分享过一部分，这里就不再细谈。

大家都知道，成为这所学校的校长以来，我一直在强调阅读是非常重要的。而今，我又从阅读苏霍姆林斯基的著作中，感受到了阅读的力量。作为校长、老师，没有什么比阅读更重要的了。阅读和写作，是教师专业成长的必经之路。

苏霍姆林斯基说，学生如果没有达到阅读自动化，就很难有好成绩。同样，成为优秀的老师，都有一个共同特点，那就是爱读书。继吴非老师讲的"学校里最可怕的是，一群愚蠢的老师，在兢兢业业地工作着"。之后，朋友圈里又流行了这么一句："学校里最可怕的是，一群不爱读书的老师，拼命地工作。"这些话，我们只要好好琢磨，就会觉得特别有道理。

老师们，这么多年来，我们通过"会前批注阅读"、"整本书共读"等形式，读了很多文章和书。不少老师，从家庭教育和儿童文学入手，已经喜欢上了阅读。接下来，我们的"会前批注阅读"也会进行升级，希望每一位老师都能够真正地读起来。让阅读和写作，成为我们老师该有的一种生活方式。

最后，祝大家都爱上阅读！

与大家同行之人　周国平

2019 年 5 月 14 日

你的时间从哪里开始

亲爱的老师们：

大家好！

上周的教师会上，我向大家提出了"你的时间从哪里开始"的问题，让大家从更高的或者说是哲学的角度，来认识时间到底是什么。这个问题不是我自己想出来的，而是我花了9元钱购买了听一节干国祥老师的讲座学到的。

那天下班虽然有点累了，但是听着干老师与其他老师之间的对话，就像是一杯浓浓的咖啡，又让我精神倍增！两个小时的对话，不知不觉间就结束了，给我留下了一个值得深思的问题，才有了我们教师会上的对话，才有了本周的这一封信。有人会问我，写了这么长时间的信，你的话题怎么那么多呢？

我想，你们已经知道这是答案了。

时间从哪里开始？我回想自己之前走过的路，我的时间应该从我当大队辅导员开始。从那时起，我意识到除了教书，还可以做更多有意义的事情。后来，女儿来到了我们身边，我更是理解了真正的教育价值。于是，我开始不断地阅读教育专著，不断地自费到全国各地学习，不断地结交全国各地教育人士，不断地通过自己的努力，让自己所在的教育环境慢慢变好。

时间一点点的积累，到如今自己的样子。

干国祥老师在讲座中，用《西游记》的故事来告诉我们时间是从哪里开始的。当孙悟空还是美猴王时，他在生活中是没有时间感的。突然有一天，他发现自己身边的人倒地没了，这时候他才意识到，我们的生命是要终止的。所以，时间是从死亡开始的，没有结束就没有开端。当我们意识到自己终有一死时，时间开始了。此后的美猴王，就变成了孙悟空。

这让我想起经常听到的一句话："向死而生"。对，人只有向死而生，才会更加珍惜当下，否则真的是每天都在时间流里，但是根本不知道时间是什么。

回到我们过去经常讲的一个话题：有的人当了一辈子老师，其实与别人当了一年的老师，是一个样的。当有新老师问你要一些经验、建议时，你却无从说起，这不是意味着你之前的时间，都没有发生过一样吗？

曾经有一位同事在海岛上工作了三年后，调入我原来的学校。她感慨道，我在这里的三个星期远远比在海岛上的三年学到的还要多。她的感慨道出了她之前的三年，是没有时间感的。可能很多人都会有这样的感觉，在某一个时长里，自己对时间根本没什么感觉，每天浑浑噩噩地数着日子过生活。

上周校委会上，国栋说时间的开始应该是自己规划了做什么事的时候，才算真正开始。这是他听到我的发问之后，对时间的思考和认识，的确很有见地。但仅仅是规划，还不算是真正的开始，我觉得应该是从付出行动的那一刻开始。

这个世界最公平的东西，莫过于时间了。在时间里，每一个人都是一样的。所不同的是，每一个人对时间的感觉和认知是不同的，所以时间的起始点是不一样的。我们都知道一切都是时间的结果。只有当时间开始了，一切才会开始。

一个学期转眼间就要过去了。回首过去的日子，我们留下些什么？老师们，你的时间开始了吗？

愿大家在时间流里，感知时间的存在，体验时间带来的回报和成就感！

与大家同行之人　周国平

2019 年 6 月 16 日

演讲是教师必备的能力

亲爱的老师们：

大家好！

这两天我在杭州师范大学蹭了两天的课程，有了一些感悟。虽然是假期，也想通过书信的方式，与大家谈谈我学习后的一些想法。今天谈的话题是，演讲是教师必备的能力。

7月12日晚，在钱锋老师的朋友圈里，看到了马云乡村人才培训计划的课程表，突然有一种冲动——要来杭师大蹭课。于是，和女儿周越订了13日晚11点的火车，第二天早上8点20就来到了杭城。我们匆匆忙忙来到杭师大，还能赶上早上下半场的课程，聆听了演讲培训师余歌的半节课。他分享了三分钟演讲的方法：立马举例，联想自己，分享感受，号召呼吁。立马举例，往往以时间开头，如两年前的一天、记得那年夏天等。听到这，我立马想到了上次给大家分享的《像 TED 一样演讲》这本书。书中提到演讲很重要一个规则，就是会讲故事。因为每一个人天生都是喜欢听故事的，只有故事最能抓住聆听者的心。

我平时有空也经常会看一些"一席"、"TED"的演讲，从他们的演讲中，我懂得了怎么样的讲述，人们会喜欢听。所以，自己平时在各种场合的讲话，也都喜欢用故事的方式，向大家呈现。

余歌老师说评判演讲好坏的标准，就是内容、视觉和听觉三个维度。我也有一个观点，演讲不是技巧，而是生命的绽放。就像我经常和老师们说的，论文不是写出来的，而是一步一步做出来的。只有自己真实的经历，才最能打动人。不管是"一席"，还是"TED"，他们每一个讲述者，都是在讲述自己经历的事情。正是因为真实的经历，所以才能引起大家的共鸣，所以才被人们认定为全中国、全世界最好的演讲。

演讲的意义在于，传输有价值的思想。作为老师，应该要学会演讲，应该要把自己的思想传达给学生，传达给同事和朋友。近几年来，我多次受邀给别人做演讲。我非常乐意接受他们的邀请，因为通过自己的演讲，能够去影响更多的人，可以改变更多的东西。不断地分享，不断地进步，也让我的演讲能力越来越高。所以，经常有人这样夸我：国平的"讲口"真好！

其实，像我这样的演讲水平，真的是很快就能学会，重要的是你要经常讲。我觉得要想让自己的演讲能够打动人，有两件事很重要。一是要把事情做到位；二是要把书读到位。这两件事情都到位了，我们就能如数家珍地讲述自己的故事，或者书里的故事。

关于做事这一点，前面已经谈到过，但是这里还想再重申一下它的意义。大家还记得我们上个学期最后一次会议吗？那样的总结会议，每一个人的分享，都很有吸引力。因为每一个人都讲自己做的，讲自己感受的，所以大家就觉得很接地气，很有感染力，很受启发。我觉得，这就是最好的演讲。

我曾经写过一封信，主题是每一次演讲都是一次宣誓。为了让自己讲得更好，就必须让自己做得更好。讲和做，一定要构建一个良性的循环系统，否则就不能言行一致，不能知行合一。这样的演讲，是最为忌讳的。

读书则能够让人充满自信。通过读书，我们可以了解得更多。而自己的知识储备，最能激发一个人的信心。我们经常用"腹有诗书气自华"、"口吐莲花"和"信手拈来"等诗句词语来称赞一个人演讲讲得好。要达到这样的境界，唯有读书，别无他法。所以，读书对演讲有非常重要的影响。

上次，我曾经与几位老师分享过，有的学校采取会前抽签即兴演讲的形式，锻炼大家的演讲能力。我觉得这招，我们也是可以学习的，说不定下个学期，我们的教师会，又会有些改变。

当然，在改变之前，我一定会再次给大家做一个演讲的培训。今年的暑期师德培训内容，增加一个板块——学会演讲。

因为演讲是教师必备的一种能力！

祝大家暑期快乐！

与大家同行之人　周国平

2019 年 7 月 15 日

不要忘了"鳄鱼哥尼流"

亲爱的老师们：

大家好！

本学期的第一次会议有点特殊，我们不是在会议室，而是在 CCtalk 平台上开了一次网络会议。一开完会，我就有好多话想和大家说。只是，这几天一直比较忙，没有时间坐下来好好整理。本周的这封信因此而耽搁至今。

记不清什么时候，给大家读的《鳄鱼哥尼流》。印象中，那天大家都颇有感触。最初，哥尼流与其他鳄鱼分享自己的成果时，他们都无所谓的样子。哥尼流只好一走了之，又学会了一些新的本领。他再次回到滩涂，与其他鳄鱼分享时，这些鳄鱼口口声声说自己无所谓，可是当哥尼流回头看时，发现他们已经开始在滩涂上练习。这片滩涂从此不再一样。

一次，我回到碧山小学分享，也读了这个故事。有一些老同事说我就是哥尼流，而他们就是其他鳄鱼。当然，我并没有想表达这样的意思。只是，我一直觉得我们应该要像哥尼流一样，做一个善于学习、乐于分享、勇于离开的教师。我确实也拥有这样的特点。因此，他们这样解读也未尝不可，我倒真是希望"其他鳄鱼"们也都能够行动起来，让这片土地从此不一样。

这次会议，不管从内容还是形式上，都是得到大家认可的。我估计，有一些老师，当得知没有开学就要开网络会议时，内心一定是有点不乐意的。但是，我也相信经过这次会议之后，他们一定会觉得开开会，也挺好。

不开会不知道，一开会让我们都惊讶不已。原来大家都这么优秀，有想法、点子多、敢实践。那天，给大家印象最深的要数张丽娜老师了。她的《空中课堂作业检查与反思》分享，给人耳目一新的感觉。不断升级的检查抽奖方式，一下子拉近家校间距离，增添了学生完成作业的乐趣。与传统的打卡和接龙相比较，她的做法明显高超多了，智慧得多了。

　　当然，其他几位老师的分享也都很有价值。通过这样一次会议，我们读了一本书，听了一个演讲，学习了三位老师空中课堂的一些作业反馈做法，可以说是满满的收获了。会议之后，我又进行了微信反馈。从抽到的三位老师反馈情况来看，我们为这次会议所做的准备是有价值的。几天过去了，几个老师在学校值班时，还意犹未尽地谈论此事。

　　紧接着，我又把他们几个老师的发言稿，推荐给了几个编辑。很快，几个编辑都回复消息，表示稿子被录用。张丽娜老师的稿子，更是得到了《浙江教育报》池沙洲编辑的高度肯定：这篇稿子比一般栏目的文章还要好。

　　这几天，又陆续收到一些老师的论文，让我指导修改。看了论文，我确实感受到了她们这几年的成长。每一个老师的论文逻辑清晰，有思考，有理论，有实践，文字干净，在我看来就是一篇篇顶好的文章。

　　到目前为止，已经有好几位老师的文章在杂志上发表。接下来，还会有一些老师的文章陆续发表出来。我希望先行的老师都是哥尼流，然后有更多的哥尼流。

　　当然，一定也会有一些"其他鳄鱼"。我希望他们在对"哥尼流"不屑一顾的同时，能够偷偷地躲在背后开始练习起来。

　　那天，我参加了CCtalk平台上的"未来的学校论坛"12小时直播演讲。不仅学习到了一些新的东西，还提供给我们一个信号：未来学校一定会变。

　　那么，我们有拥抱变化的心态吗？有理性思考过一切变化中的不变吗？

　　老师们，愿我们都做"鳄鱼哥尼流"，做一个善于学习、乐于分享、勇于离开的老师。

　　最后，祝大家一周愉快！

与大家同行之人　周国平

2020年3月5日

因为遇见，所以遇见

亲爱的老师们：

大家好！

这个学期，我要加入一个被称之为"是光"的诗歌教学公益组织发起的诗歌教学团队。其实，这个公益组织大家应该不会陌生。因为我曾经把发起人康瑜老师的事迹发到群里，一个90后女孩放弃读研的机会，只身一人来到云南支教，并开创了"是光"诗歌教学的公益机构。还记得当时，有老师读得热泪盈眶。

当康瑜老师的朋友圈发出本学期诗歌教学招募老师计划时，我就一直关注着申请日期。最后，经过了较为繁琐的填写资料申请（就是考验申请者是否真心），我成功加入了这个计划。我期盼用诗歌创作教学，带领学生从读到写，让师生在读写中共同成长。

昨天，我被分到了一个小群里。群里还有一个浙江的老师，是丽水青田的一名新教师，距离我们这很近。我们加了微信，她说这个项目浙江的老师关注得很少，能够在这里相识真是缘分。浙江教育是走在全国前列的，这些公益机构自然就不大会关注我们。因此，同样是乡村教师的我们，比起中西部地区的老师来说，也就失去了一些公益机构提供的机会。

我有点好奇，一个新教师怎么会关注到"是光"，又怎么会主动申请加入到教学计划中来的。她告诉我，她是在电视节目上看到康瑜的故事，然后去寻找她的公众号，最后就一步步被吸引到这了。

这让我想起自己最初在网上开博客的经历。

刚开始，我是关注了苍南同学开的"智课网"博客。随后，自己也在上面注册，然后就有了零零散散的写作。而之后的2012年春天，又因为聆听山东泰安孙明霞老师的一场讲座，开始在 1+1 教育网注册博客，此后开始大量的写作。

正是因为遇见了这些人，让我变得不一样，因而遇见了更好的自己。我也有理由相信，那个青田的新教师，未来一定会越来越精彩！

遇见，也是一种能力，我们要习得这样的能力。

机会与贵人一直都在，只是我们有没有遇见的能力。多年前，我特别想参加方斐卿老师的研修班学时培训。可是，我看到培训平台上，报名人数远远超出了招生数，怎么样才能让自己被方老师选中呢？我打开培训计划，找出方老师的手机号，然后编辑短信发给方老师，恳请他收我为学员。

我相信一个普通的学时研修班，像我这样报名之后还发短信的老师，一定很少或者就我一个。根据常理，在同样的条件下，一般就会让我入选。果然，后来我很顺利地进入了培训班。

在网络如此发达的今天，各种各样的学习平台和信息到处都有。比如我们一直在用的 CCtalk 平台上就有很多非常优质的资源，我经常会推荐给大家。我认为的一些好的文章、好的视频，我也会推荐给大家。昨天，有老师问我是如何搜到那么多好的绘本的？这就是我的遇见能力的结果。听一场讲座，有好的绘本我会买或者寻找电子版来收藏，看相关的绘本推荐书单，我也会收藏。自然而然，我就比大家多了一只眼睛，能看见更多的东西。

前几天值班时，和几位老师聊起朋友圈的事。我问他们是否看过某作家的日记，大家都摇摇头。遇见能力也是跟自己的朋友圈质量成正比的。如果你的朋友圈里大多是买卖面膜或者吃吃喝喝的，那么你在享受生活方面的遇见能力，就比我强。反之，对于个人成长和教师专业方面的遇见能力，一定就没有我强。

所以，每一次安排你们外出学习，我都会鼓励你们多认识全国各地的老师，并主动加他们的微信。大家觉得这样做有点厚脸皮，然而学习就是需要这种精神的。或者说，一个人还没有下决心成长时，就会在乎这些。真正想要成长的人，他们是出于本能的反应。

总结一下，一个成长型的老师应该是一名具有极强遇见能力的人。他们会主动结识优秀的老师，他们会积极关注各种学习信息，他们喜欢阅读，他们愿意花时间去做有意义的事情。

过去，资源只是掌握在少数人手里，学习成了少部分老师的福利。而在资源分配过剩的当下，遇见能力就显得尤为重要。

每一个人的遇见能力，决定了将来遇见怎样的自己。

祝大家都能遇见更好的自己！

与大家同行之人　周国平

2020 年 3 月 17 日

每一个人都应该成为分享者

亲爱的老师们：

大家好！

网络教师会已经开了三次，每一次除了演讲之外，还有同事给我们做分享。在分享中，我们感受到了分享的快乐，感受到了分享的力量。

这一次，我想要和大家谈论的主题，就是"每一个人都应该成为分享者"。

回头，我们来看看这些分享者的经历。

我对几位分享者，事后都做了采访。她们几乎是同样的回答，刚接到任务时，还有点担心自己能不能做好这样的分享。后来，看到评论区里老师们的互动，又觉得蛮有成就感的。于是，对自己的分享又有了自信。一场直播活动，老师们有担心，是可以理解的。或许，正是因为有了这样的担心，才能分享得更好一些。

从分享者身上，我们看到分享是有力量的。这种力量能够帮助自己看见自己，告诉自己状态还不错。

而作为倾听者，我们又是如何看待他们的分享的呢？当看到她们侃侃而谈，听到她们为我们讲述丰富多彩的内容时，是不是一下子就被她们带入到分享的世界里？我们的空中课堂如何反馈，霎时间是不是也有一些自己的想法了？堪称男神的苏东坡是不是离我们更近了呢？今后，无论在哪个场合看到《清明上河图》是不是会自然而然地想起李晶晶老师呢？当然，我们看《清明上河图》从此不再只是看热闹。

这就是分享的力量，分享会让更多人开阔视野；分享让我们拥有了共同的精神文化生活。

所以，我喜欢分享，也喜欢听别人分享。行文至此，我又把原本书信的题目《每一个人都可以成为分享者》改成了《每一个人都应该成为分享者》，尤其是我们老师。

分享是学习之旅。在分享之前，分享者会对内容进行整理，这个整理的过程，就是一种学习的经历。张跃老师讲苏东坡，我估计她读完《苏东坡传》之后，还会不断回头去搜索，去寻找各种细节。这就是一次深度学习。因此，一场分享会，最有收获的人，绝对不是倾听者，而是分享者本人。

分享是合作之始。空中课堂反馈分享结束之时，就已经有老师采取"他山之石，可以攻玉"的方法，在自己的班级尝试。我们每一个人分享一种思想，就会有更多的思想。不管是哪个职业，同行之间的分享都特别有价值。通过同行的分享，会提升整个行业的水平。我们老师更不能闭门造车，而是应该和其他人分享交流，以提升自己的专业和非专业能力。

分享是行动之力。通过分享，分享者更有信心去实践，会在实践中积累更多的分享材料。这是一种循环，是一种令人幸福的循环。分享也会让大家看到彼此的可能性。原来，分享并非只是专家可以，我们身边的同事也可以做得很好。看到身边同事的分享，我们也会当作一面镜子，照照自己是不是会分享？如果是自己分享，又可以分享成什么样？

因此，在一个大家都愿意分享的团队里，分享既可以给自己增添力量，又可以给同事带来良性压力。当然，这种压力就是一种动力。在这样的氛围下，每一个人都不愿意落后，都希望跟着大家的节奏一同向上。

分享是自信之足。千里之行始于足下，分享就是让人自信的脚步。每踏出一小步，都是让自己变得自信的一大步。看看那么多名师、专家，没有哪一个不是分享高手。他们的这份自信，就是不断分享出来的。

老师们，我们为什么要做"会前演讲"，而今又为什么要让大家来分享？我想这封信，应该可以帮助大家寻找自己心中的答案。每一个人都应该成为分享者，让我们每一个人都走在分享的道路上，成为分享的收获者、幸福的体验者！

祝大家一周愉快！

与大家同行之人　周国平

2020 年 3 月 20 日

做一个成长型的教师

亲爱的老师们：

大家好！

今天是返校的第一天，我自然醒得特别早。进入上班状态特别快，或者说上班节奏自动化了。不知道大家经历了这么长时间的宅家，今天马上就要进入紧张的上班状态，是否还适应。

过去的这三个月，我们是否过得充实？很多时候，我们总是等到时间过去了，回头再看时才感叹："时间怎么过得这么快呢？我什么都没有做成哈。"

同样的时间，不同的人会有不一样的安排；同样的境遇，不同的人会有不一样的选择。其实，人生就是选择的结果。本周这封信，想和大家聊聊成长的话题。当然在过去写的信里，已经和大家聊过相关的问题。但是随着时间的迁移，以及本人阅读的经历，会有一些不一样的观点。希望能够给到大家一点启发。

前段时间，听了魏智渊校长的讲座颇有启发。他说优秀的人应具有四种核心习惯：珍惜时间、保持专注、深度学习、合理归因。这是他面向家长讲的家庭教育讲座，但是我认为这四个好习惯，对于我们老师依然很重要。

想成为优秀的教师，依然离不开这四个好习惯。那么，怎么理解这四个习惯呢？我结合教师的实际，来谈一谈我的观点。

珍惜时间，不是说我们要天天埋头苦干，而是要有自己的生命节奏，也就是要让生命始终保持紧张感和秩序感。我们要清楚自己每天要干什么事情，什么时候做完这件事。这就是秩序感。许多人是没有这种秩序的。经常不知道自己干什么，也经常忘掉自己要做的事情。而一个有秩序感的老师，他是会有自己的清单的。所以，上周我们就开始尝试用清单的方式，来提醒大家，帮助大家形成秩序感。

再者，我们很多年轻人，到了周末就睡到午后。他们认为这是他们的节奏，每个周末都会这么睡。看起来，的确是有秩序的。不过，他们缺乏生命的紧张感。

保持专注，比较好理解。许多人都是一辈子就做一件事，这就是专注。我在前十年的教书生涯中，还有许多杂念，很难做到专注。这十年来，我始终专注于教育，自然进步就比较大。

那么，怎样衡量一个人是否保持专注呢？只需要看看自己在做一件事情时，有没有达到忘我的状态？比如开展教研活动，不知不觉间天已经黑了，这就是专注。反之，如果随便弄几下，就想着要结束活动，这就是不专注。

深度学习，就是要能够触类旁通。就拿写论文的例子来说，刚开始许多老师根本不知道怎么撰写论文。经过几次撰写和接受指导，就掌握了写作的逻辑。有了逻辑，就不至于把论文写偏、写散。

深度学习，我的理解就是刻意练习。又如我们的"百草课程"，当我们深度研究"百草课程"时，就会掌握课程开发的某种规律。自然，当我们转向其他研究对象开发课程时，就变得很轻松。

合理归因，就是遇到事情要反求诸己，也就是自我归因。大多数人都习惯向外归因，自己做不成的事情，就推卸责任。上周，我们开展的"清单"学习活动，就是一个很好的例子，可以反观自己是不是有自我归因的好习惯？

接到通知，内心反感、抵触、抱怨：这么短的时间内，怎么弄好这个清单？这是正常的，接下来就开始有了不同的思维方式，出现了两种不一样的人群：成长型思维人群和固定型思维人群。固定型思维人群，就会不断地抱怨，甚至发怒，搞得自己心情很不好。而成长型思维的人，就会立即行动起来。他会思考这么短的时间里，可以怎么做。于是，就有了自己的创意，很快就能够看到自己的成果。更重要的是，当他看到成果时，心中充满了成就感。

这两种类型的人，其实就是归因不一样。固定型思维的人，认为自己的不开心都是学校造成的；成长型思维的人，认为开心是自己努力来的。成长型思维的人，会把一切逆境转变成机会，让自己不断成长；而固定型思维的人，喜欢抱怨而且始终活在抱怨中。

每一个老师都应该是成长型思维的人，让这四个好习惯助力自己成长！

祝大家都成为成长型的老师！

与大家同行之人 周国平

2020 年 4 月 22 日

书信的力量

第四辑

教师授业有道

任何一个行业都有自己的行业规律，也就是我们常说的"道"。不遵守规律，就是不守道，那自然就做不好事情。

教师教育学生，也应该努力寻找"道"。本篇章选取的书信，就是我多年来教育教学所思考的东西。历史总是相似的，但是很少有人从前人的经验中吸取教训。

我经常跟老师们说，我们所遇到的困难和问题，大部分都已经有人遇到过，而且被人解决并记录下解决方案。因此，我们在埋头苦干的同时，一定要学会学习他人的经验。

良心是靠不住的

亲爱的老师们：

大家好！

经常听到有老师这样说，教师这个职业是吃良心饭的行业。

可是我想说，良心是靠不住的。

在教育这个行业里也算摸爬滚打十余载，辗转多所学校，遇见过许多老师。发现老师有多种类型，有埋头苦干的，也有只说不干的；有能说会干的，也有糊里糊涂瞎干的。但我始终觉得，真正凭良心去做老师的并不多。可是，好像很多老师都在声称自己是凭良心去教孩子的。

也是的，谁会说自己是没有良心的呢？况且每个人对"良心"二字的理解是有距离的。

曾遇见过这样一位老师，现已经退休。论年龄和水平，他都应该不属于家长喜欢的类型。但是很奇怪的是，许多家长都很愿意把孩子托付给他（有偿家教）；而有的年轻老师却是无人问津。后来，一同事对我说，家长把孩子交给老师带是有几种目的的。有人是希望在老师那里能学到更多的知识；有人就喜欢孩子能够吃饱饭，长好身体。而这个老师就是特别做好了后一点，有些孩子不喜欢吃蔬菜的，他就连哄带骗地让每个都会吃蔬菜；有些孩子吃饭吃得少的，他也总是有办法让孩子多吃点。对他来说，这就是他对"吃良心饭"的理解：总得让孩子吃饱吧！

的确如此，许多家长没办法带孩子，把孩子托给他，就是喜欢他能够有办法让孩子多吃点，至于学习的好坏是其次的。

我所见过的大部分老师却不是这样做的。他们认为孩子吃饭是自己的事，这跟教育教学更是没有关系。往往一下课，老师只顾着自己跑去吃饭，孩子们也只管自己去吃。我看见食堂里乱得一塌糊涂，老师们也见怪不怪。孩子们随随便便把剩饭剩菜倒了，老师们毫无知觉，更别想会去引导孩子如何光盘。与前者相比较一下，这样的做法是"凭良心"吗？

一朋友从乡下调入市区直属学校。他跟我描述了这样的现象：在城市的学校里几乎不用考勤。因为每个人都很自觉地坐在办公室里，没有谁会提早离开学校。但是我发现，身边的许多学校都不是这样的。

每当下午的第三节课，有的老师为了躲避放学潮，在第二节课课间就把车子先开出校园，等待铃声一响，立马走人。我经常发现，离开学校最迟的都不是老师，而是学生。难怪当下的孩子不会扫地、不会拖地，教室打扫不干净。因为一放学，老师比学生溜得还快，扫地过程中，孩子们难免出现各种各样的情况，但是老师不在，没有人处理得了，只好作罢。

就平时的课间，老师也很少和孩子们在一起。我曾经戏说，现在的小学老师越来越像大学里的教授了，上课铃声响起，拿着书本、教参进教室；下课了，拍拍屁股走人。孩子们是很难有机会和老师沟通和相处的。

试问，这些老师他们会认为自己没有良心吗？不会的，谁都不会认为自己是没有良心的，就像溺爱孩子的家长一样，谁都不会承认自己是溺爱的。

当然，我看见的只是身边的个别学校，只代表某一些教师而已。这个时代做得很好的老师也是很多的。我想表达的只是：良心这个东西，真靠不住。

无规矩不成方圆。教师这个行业也应该有自己的行业规矩。而时下校长的权利几乎被收光了。在这样的只进不能出、只能上不能下的用人体制里，仅凭"良心"真是做不好教育的。

愿各位老师都有良好的职业素养，把学生的事、学校的事当作自己的事一样地用心对待。

祝老师们工作愉快！

与大家同行之人　周国平

2015 年 11 月 30 日

别吝啬您的微笑

亲爱的老师们：

见信好！

三天的劳动节一晃眼就过去了，也许有的老师还没回过神呢，又得上班了。其实，如果真有这样的感觉，还真是不错的一件事，因为能够体会"逝者如斯夫"之道理。

本周，想和大家聊聊"微笑"。给大家一个建议，别吝啬您的微笑。

2000 年毕业，我被分配到碧山镇涂厂小学（现在已经没有了）。作为一个泰顺人，在此地人生地不熟语言又不通，工作和生活上有诸多不便，但是我见到每一个老师都会微笑，因此比较受大家喜欢，还被大家称作"阳光男孩"。真的，"微笑"是非常好的与人沟通的技巧，它能够迅速和他人拉近距离。

对待同事，面带微笑，我收获了同事之间的情谊；但面对学生，我真愧对了孩子们。2009 年的一个下午，学校的运动会颁奖仪式结束后，我们回到教室里。有个叫陈伟军的男生，对我说了一句："老师，您终于笑了！"当时他就只说了这么几个字，但是就是这样几个字，却深深地触动了我的内心。我在想，平时我在孩子们面前一定是一脸严肃，令他们深感不安与紧张。要不，陈伟军同学怎么会这样说呢？

这个故事得从三年前说起。当初我是新任的大队辅导员，兼任一年级（3）班的班主任，每周一个班的语文加其他共 12 节课。大家肯定能够想象得出我干大队辅导员的不易。正因为这样，我的工作压力很大。回到班级里，又是一群"烦恼"的孩子们，我变得很暴躁，经常训斥孩子们，有时还用自己的手打孩子的手。当时经常跟孩子们讲，周老师用手打你们的手，你疼我也疼，希望我们都不要受疼。现在想来，是多么的可笑。

这样的粗暴一直陪伴着这个班级，从一年级升到了三年级。我不知道自己是否曾经在教室里给过孩子们微笑，但可以肯定的是，孩子们经常看到的是我的一脸严肃。直到那个下午，那个男孩的一句话突然点醒了我，我才开始选择以微笑面对孩子们。但是要知道一个人的恶习有多么难改，时不时还是回到原来的老路上去。后来，我选择了带孩子们打篮球，这种非正式的沟通让我和孩子们走近了许多，我的脸这才开始慢慢放松下来，心也开始变得柔软一些。

后来才发现，物理学上的"作用力与反作用力"的关系在这里也是可以得到验证的。当我对待孩子微笑时，孩子们也会对我格外有情。当对待孩子们的方式平和了，我们自己的心情会变得舒畅起来，师生之间的关系也会变得更加和谐。我想只有当孩子们和老师建立一种友好的师生关系时，孩子们才会更加喜欢上老师的课，这样就会形成一个良性循环。

老师们，微笑不仅能让我们同事之间更加友好，还能让我们师生关系更加和谐。这样，我们就能处在一种充满正能量的气场中，享受这种正能量所带来的幸福。请您千万不要吝啬微笑，不管面对同事还是学生。

祝老师们健康快乐！

与大家同行之人　周国平

2016 年 5 月 3 日

可以这样布置作业吗

亲爱的老师们：

大家好！

一周的假期很快就过去了，和大家分享一个关于时间长短的小故事。节假日过后学生返校，有学生问老师："国庆节放假的这七天，怎么这么短啊？"老师这样回答："接下来的七天你就知道有多长了。"挺有意思的一段对话，道出了人的观念不一样，同样的时长，不同的心态和观念，感觉到的就是不一样的。可见，人的观念是多么重要。有什么样的观念，就有什么样的行为。

本周，我想和大家谈谈关于布置作业的话题。七天假期，我发现我们学校的许多学生无所事事。要么在家打游戏、看电视，要么三五成群地在路上闲逛。难道学生们都没有作业吗？我在街上拉住几个学生问了个究竟，有的说，作业写完了；有的说，就剩下一个了。

后来，我到各个班级看了一下黑板的右上角，发现老师们布置的作业主要是以写为主的。这样的作业，学生有几种完成方式：一是认真的学生，放假的第一天就全部完成了；二是不认真的学生，到最后一天完成；三是无所谓的学生，索性就不写；四是自我控制能力强的学生，每天定时定量完成一部分。第一种和第二种方式的学生是最多的，他们的目的都是为了腾出更多的时间来玩。

会玩当然是好事，可是当下学生的"玩"跟我们过去完全不一样，主要以电子游戏为主，前面已经叙述过。所以，许多孩子在假期里，会发出这样的声音：还不如读书的时候有意思，天天在家里无聊死了。

作为农村的老师，我们在布置作业时应该要考虑到这一点，想想能否为学生做点什么。我想是否可以利用布置作业来带动学生阅读，同伴学习，亲子互动呢？

看了大家布置的作业，我觉得还缺一个"阅读作业"，建议布置学生每天按时读一定量的课外书。关于创造性的作业，我建议大家布置如分组课本剧表演，和爸爸妈妈或者邻居算二十四点，和长辈去一次书店或图书馆，科学观察写生等好玩有趣的作业。只要每一位老师都去想，创造性作业的形式会有很多，我们可以在同事间进行共同分享。

这样，学生们在假期里就不仅仅是简单地写，而是有许多动手动脑的机会，这样既增长见识，又增添乐趣。

老师们，可以这样布置作业吗？

祝老师们都有新的发现、新的点子、新的行动和新的收获！

与大家同行之人　周国平

2016 年 10 月 10 日

端正地写好每一个字

亲爱的老师们：

大家好！

从这封信开始，我想结合自己的经验，模仿教育大家苏霍姆林斯基，给大家写一个"给桐小老师的建议"系列若干篇。希望能够引起大家的关注；如有不妥，烦请批评指正。

第一个建议：端正地写好每一个字。

近几年从教的老师，普遍都有一个特点——字写得不怎么样。既然是一种普遍性的特点，那就不能怪这些年轻老师，一定是在哪一个环节出了问题。今天我们不讨论到底哪里出问题，而是讨论已经身为人师的年轻老师们，我们该如何去面对我们的学生。

俗话说，字如其人。每一次听课，我都非常关注教师在黑板上所写下的字。有的老师在一块被投影布遮挡了一半的黑板上，写下了密密麻麻的字。仔细一看，这些字还真不如学生所写的，因为学生会一笔一画，工工整整地书写。而老师则是率性而为，横平竖直没有个规范，有的两笔连在一起，有的甚至出现明显的错别字。有时发觉自己写错了，就用手擦一擦。从学生的作业本，就知道这样的老师对学生的要求是很低的。学生写出来的字也跟他是一样的，作业本也是脏兮兮的。而这样的老师总有一个口头禅："我们班的学生习惯真的很差，字写得特难看，我说几百遍了就是写不好。"

也见过一些老师，自己的字写得不好看，但是写在黑板上的字，总是努力写得工整、大方。一笔一画都是用力写出来的，觉得写不好的就用黑板擦或者是抹布擦掉，重新再写。去看看他所带学生的作业本，你会发现，老师对学生的要求是比较高的，学生写的字一定是端正工整的，作业本也一定是保持干净和整洁的。这样的老师也有自己口头禅："我们这些土人，自己不会写，就靠盯。一个学生写不好，就让他重新写。这样写多了，自然而然大家都会把字写好了。"

有的老师还是蛮可爱的，知道自己的字写得不好看，就请打印机帮忙，把要板书的字打印出来粘贴。

昨晚一朋友在群里发来一条短信："一般书法写得好的人，做事很认真，踏实，有耐心！这是吴国珍教授今天说的。"有学校的校训是"端端正正写字，堂堂正正做人"。我想，年轻老师，应该从写给学生们看得见的字开始，端正地写好每一个字。

因为方块字里，有真教育！

祝大家工作顺利，学习进步！

与大家同行之人　周国平

2016 年 11 月 20 日

要学会及时并持续评价学生

亲爱的老师们：

大家好！

前段时间，碧山小学有个老师给我发来一个链接，说的是一个人的学习需要四个步骤。现在，具体的步骤已经忘记了，我只记得最后一个是正面反馈。她说我作为副校长，在碧山已经很好地完成了前面的三项，最后一项还有所欠缺。其实后面一个步骤是很重要的，因为评价直接影响过程，正面的评价引起正向的作用，负面的评价引发负面的影响。

你看，咱们家里人烧菜都需要正面评价。多赞美，菜就会烧得越来越好；多批评，可能就连饭都没得吃了。所以，本周想和诸位聊的话题就是，要学会及时并持续评价学生。

上周五，教育局学生科对我校美丽校园建设进行了现场查看，对学校的一些做法给予了高度肯定。同时，还肯定了我们学生的精神面貌：会主动向人问好。无独有偶，张丽娜老师的同学来校参加会议，拍了许多照片发到朋友圈，也赞美了学生行"90度鞠躬"礼。

学生的这些习惯是怎么养成的呢？首先，一定是有人告诉他这么做；其次他们做到了会有人肯定他们。另外，他们和老师打招呼会得到回应。这样，就会形成一个良性循环，习惯很快就会养成。而且，利用一些活动，经常提醒孩子们学会打招呼，时间长了，他们自然就习得一个好习惯。而这种习惯，会让他们终身受益。

大家有没有发现，刚开始要求学生养成整理抽屉的好习惯，学生做得挺好的。久而久之，似乎又开始淡忘了，一些学生的坏习惯又表现出来了。同样，最近一段时间学生的阅读习惯，也是有所变差。为什么会这样？刚开始，学生在老师的监督下，是会努力去执行任务的，老师也是会有表扬和批评的评价，给学生的感觉是这个任务很重要，因此每个同学都很认真地去做。但是随着时间的推移，老师的表扬和批评逐渐少了，学生自然也就认为这个事情不再重要了。于是本来的陋习又表现出来了。这就是"好习惯难养，坏毛病易学"的道理。

我们要学会及时评价学生的表现，而这种评价还要持续地进行着。正是因为要持续，有很多老师就坚持不了，那么也就不能取得好效果。怎么办？这就需要一种机制或者说是制度来规范和提醒老师。现在各班使用的一些评价机制，如积分评价、军衔评价等都是很好的评价制度。这种制度一定要让每一个学生都知道，一是要他们知道自己什么该做，二是让他们随时提醒我们老师。

因为我们容易忘记，但学生不会。

老师们，培养习惯需要持之以恒，不能一蹴而就。评价是指挥棒，用好这个指挥棒，学会及时持续地评价每一个孩子，让每一个孩子都能进步成长！

祝大家幸福安康！

与大家同行之人　周国平

2016 年 12 月 19 日

让孩子爱上学习（1）

亲爱的老师们：

见信好！

上周由于本人家中出了点事，学校的事就没有太用上心，尤其是周六学区艺术节在我们学校举行，从筹备到比赛，我都没有在场，让各位辛苦了！

接下来的几周，我想分四个部分和大家聊聊"如何让孩子爱上学习"的话题。虽从教十七年，天天与学生打交道，但至今仍未能真正懂得教育之真谛。作为校长，仅凭自己的经验和学习心得，斗胆与大家谈论教育教学之道，希望能够引起大家思考和批评指正。

多年前，我曾经给体育老师讲过一个话题——让学生喜欢上体育。当时提到了四个方面：经常给学生"戴高帽"；让学生产生羡慕之心；要有慈父之心；体育课程游戏化等。其实，这四招套在任何学科上都是可以使用的。

"戴高帽"一说，是我们农村经常听到的一句话。所谓"戴高帽"，就是赏识教育。试问自己，作为成人的我们，是否同样喜欢被人所赏识和表扬呢？因此，在我们的教育教学过程中，就要经常使用这个法宝。这个学期，学校推出的"红黄蓝"评价机制，就是一种时尚的高帽。使用好了，它就能让你事半功倍；都不使用它，那么它就一文不值。上周拓展课时，叶小青老师当场表扬五（2）班郑众书同学近段时间学习有进步，打乒乓球进步很大。当时，我能感觉到这位同学内心的那种喜悦。著名家庭教育专家周弘说，我们的大拇指反正闲着也是闲着，不如天天对自己的孩子竖起大拇指。

对于学生来说，这样的高帽应该是要多给他们戴一戴。要让学生喜欢你的课，你的口里就应该多一些这样的高帽。泰顺育才小学有一位县级明星班主任曾跟我说，她在带一二年级时，经常实施天使之吻，就是当学生达到她所设置的评价尺度时，她就会去亲吻这个学生的额头作为奖励。她说，她就是想尽各种有趣的办法去奖励学生，让学生觉得奖励本身也是一件很好玩的事儿。自然她所带的班级在各方面都表现不错。

就当下我们教的体育课而言，通过体育测试，用数据让学生感受到自己的进步，也可以说是一种戴高帽。这个学期，我做了一个计划：每一个月初，学生都要进行 400 米的测试。到现在，我已经测过两次。第二次测试，学生的成绩明显比第一次要好。

自从有了测试，同学们课堂上也有了讨论体育的氛围。每一次测试结束，总能听到他们互相询问有没有进步。跑得气喘吁吁，听到自己进步了，还会大喊一声："耶！"过去，学生最怕的是跑步，可是现在发现他们对跑步并没有太多的恐惧感，反而是很在乎自己有没有进步。我想这就是用成绩来给学生"戴高帽"的效果吧？

从某种意义上说，给学生"戴高帽"是一门很深的艺术。什么时候戴，怎么戴，这些都值得我们教育人好好推敲。

愿大家多给学生戴高帽，让学生天天进步！

与大家同行之人　周国平

2017 年 3 月 13 日

让孩子爱上学习（2）

亲爱的老师们：

大家好！

上周我们提到让孩子爱上学习，首先要学会"戴高帽"。本周想和大家谈谈：要让孩子们产生羡慕之心。

我曾给体育老师们讲，体育老师要经常在学生们面前露一手。会打篮球的老师，可以给孩子们展示一下扣篮动作；会跳高的老师，可以展示一下自己优美的跳高动作。总之，要让学生们对你的专业技术感到佩服，从而产生羡慕之心，进而爱上你的这门课。

不知道各位有没有这样的体验，小时候就是喜欢模仿老师的动作。我自己有过这样的经历：读初中时，看到老师三步上篮，而且篮球可以从胯下取出，再投进篮筐，觉得这样的动作实在太帅了。于是，自己在课间就经常琢磨和练习老师的上篮动作。看到体育老师的三级跳远可以在空中跨步，然后再落地的动作，我们同学都在课间纷纷练习和模仿。那个时候，我们学校的体育氛围是很浓的。课间，甩单杠、双杠，做引体向上；晚上睡觉前，（那时我们都住校）还经常看到同学们在练习呢！当然，这里头有中考的因素，但我觉得体育老师给我们示范，带来的那种力量美和动作美，也是有很大的原因的。

体育是如此，其他学科应该也是如此。

再举一例，我初中的一位《社会》老师，就是教历史和政治的。他上课给人的感觉就是侃侃而谈，什么都知道似的，所以我们全班都特别喜欢上他的课。后来，换了一位女老师，或许是新教师的原因，总之课堂上她好像在背教案一样，而且经常还要低下头来看看讲台桌上的讲义，给我们的感觉就是水平不够。于是，我们全班都不怎么喜欢上她的课，考试成绩也一般般。

师范毕业后，自己成了一名老师，我也感受到了羡慕之心所带来的力量。自己对朗诵的兴趣，也让学生们对语文学习带来一定的影响。遇到适合朗诵的文章，我总是喜欢朗诵给学生们听。只要我们稍稍做准备，学生们就会觉得老师读得真好。当读完一遍，让学生模仿着读时，他们个个都很专注很投入地去朗读。因此，他们也相对比较喜欢上我的课。或许是我的朗读水平，让他们感到羡慕了吧！

想必以上的体验，大家应该是有的。因此要让学生爱上学习，爱上我们所教的这门学科，很重要的一点，就是我们得让他们羡慕，让他们感到佩服。我们面对的是小学生，在小学生眼里，老师是最厉害的。因此，如果您是一位数学老师，一定要让学生感觉到您就是数学家；如果您是一位语文老师，一定要让学生感觉到您就是语文高手；如果您是英语老师，那您一定要让他们感觉到您的英语是很厉害的。

当学生们在内心里真正羡慕您的专业技能时，他们自然会有一种动能，促使他们爱上您所教的学科。老师们，让我们都能够成为学生们羡慕的对象，成为他们学习的榜样，让他们真正地爱上学习吧！

祝大家愉快工作，开心生活！

与大家同行之人　周国平

2017 年 3 月 19 日

让孩子爱上学习（3）

亲爱的老师们：

大家好！

让孩子对我们产生羡慕之心，会让学生更加热爱学习我们所教的功课，这就需要我们不断学习，学习专业的学科知识。另外，也要学习与学生的相处之道。本周和大家谈谈"慈父之心"。

所谓"慈"，就是仁爱，和善。古诗中有"慈母手中线"，"慈"一般多用来形容母亲，但是我当时是给体育老师讲课。现在想，男老师更容易发火，因此讲"慈父之心"，更是有意义。我们所讲的"慈父之心"，并非让大家都不批评学生，都不管学生。我们有另一个成语，叫严师出高徒。对于学生的教育而言，真可以说严是爱，松是害，不管不问要变坏。我们要追求的是温柔的严厉，或者说是严而不厉。

最近几天，我们市区的一所学校，因为老师打学生，而被家长告了。据说，这位老师为了让自己班的学生考得好，对学生非常严格，动不动就动手打，甚至还脱下鞋子来打。这样的行为，对于我们来讲是很不可思议的。和大家共事一年了，我都没有看见哪一位会动手打人的。时间再往前倒退十年，每个教室都有一条教鞭，学生不听话、不完成作业，就可能要被老师打手心。曾经和大家分享过，我也打过学生的手心，是用我的手掌打在学生的手掌上，然后对学生说，打在你手掌上，你疼，我也疼，希望别再让我们都疼。

这样的惩罚，或许真的挺见效的。但是大家知道有习惯性一说，这样的教育方式，让我变得不会向学生微笑。教一个班孩子三年了，孩子见到我每次进教室都一副严肃的样子。直到有一天，一个孩子突然说了一句："老师，今天笑了。"我非常感谢这位学生，是他让我醒悟了，教育是要微笑的。从此以后，我努力改变自己，学会向自己班学生微笑，改变自己对学生的管理方式，努力做到严而不厉。

做到对学生的管理要严，但惩罚绝对要有艺术。这就必须要动动我们脑子才行。严，必须要让学生都知道哪些事情是必须做的，哪些事情又是不能做的。所有这些必须事先告知学生，形成大家共同的约定。更重要的是不能三天打鱼两天晒网，尤其是刚制定出约定的一个月，必须时时提醒，刻刻执行，让这种要求深入人心。只有持续这样做，才能让学生知道老师是非常重视这些约定的，而不是随便说说的；只有持续这样做，当你忘记了约定，学生自然会提醒你。这样，这个"严"字就可以真正地落地，成为学生的一种生活方式。

如何严而不厉呢？在惩罚上，要有创新，要有趣味，要有人情味。苍南潜龙学校的特级教师林志超，在担任政教处主任时，要张榜公布某些受罚学生的名单时，不用真名而改用三国演义里的人物名字。让受罚学生得到了教育，又引起其他学生的好奇和关注，让惩罚更有趣、更有效。

平时，我经常使用的是两种方法：一是减甜，一是加苦。就在上个星期的体育课上，有四位学生表现不好。我采取的措施是让这些学生站在旁边看我们上体育课。我知道，这些学生是挺喜欢上体育课的，不让他们动反而难受，因此我就不让他参加喜欢的体育课。这就是"减甜"的方法。"加苦"呢？过去当班主任时，遇到学生违反了之前的约定，我就让他们只要一下课，就跟随着我，我到哪他就到哪。这种不让他们自由的惩罚，就是所谓的"加苦"。

这样实施起来，我的管理变得更加有效了。当然，还有各种各样的管理方式。只要我们利用得好，让学生感觉到我们公正对待，做到严而不厉，就能让学生感受到一颗"慈父之心"。这样的管理，会让我们的学生更加专注学习，更加注意自己的言行，也必将让孩子爱上学习。

祝大家过上一种幸福的教育生活！

与大家同行之人　周国平

2017 年 3 月 27 日

童心·幽默

亲爱的老师们：

见信好！

上周因为家中有事请假，所以没有给大家写信。好像这也是从开始写信以来，第一次没有按时给大家写信。另外，上一周的每月一件事，也因此没有去做。我一直说，做一件事一定要持续，不要有推脱的理由。这次失言了，接下来，我将用一周时间，把没有做到的都给补上。

这封信的主题是"童心"和"幽默"，对应的是"让孩子爱上体育"的第四招——体育课游戏化。我们都是从孩童时代过来的人，况且我们又是学习过儿童心理学的人，应该能够体会儿童的需要、儿童的喜好。

我们经常说，要做学生喜欢的老师，要让学生喜欢我们上的课。那么"童心"和"幽默"这两个关键词，我认为就比较重要。

要有童心。诺贝尔和平奖获得者特蕾莎修女说，要帮助穷人，就要"成为穷人"。因为如果不过穷人的生活，就无法体会穷人的生活，也就无法真正帮助他们。套用过来就是想要教好孩子，首先要"成为孩子"。当然，我们不可能再成为孩子了，但是我们可以有一颗童心。拥有一颗童心的老师，更加容易和孩子产生共情，愿意体会孩子们的喜怒哀乐。拥有一颗童心的老师，她更加温柔与善良。当孩子们遇到困难时，更愿意去帮助他们。

要有幽默感。上次，我在实验小学读书节开幕式上，讲完三个有趣的读书故事后，女儿回来告诉我："老爸，我觉得你讲得挺好的。因为，平时我们的晨会都是很严肃的，这次不一样，你让我们每一个人都笑了。"我们都是老师，经常被开会、被学习，如果遇到个幽默的老师，我们听得津津有味；如果遇上个严肃呆板的老师，想必睡觉的、玩手机的会是一大片。

那么如何才能有童心呢？我记得小学语文教材里有一篇冰心老人写的《只拣儿童多处行》。想要拥有一颗童心，要多和儿童在一起。有空和孩子们下下棋、跳跳绳、做做游戏，或许要不了多久，我们就能拥有一颗童心了。学校为什么会安排春游？我的另一个理由是，春游时，不管老师还是学生，都能够保持比较兴奋和放松的心理状态，能够撇开老师的角色，和学生有着非教学式的交往。我认为，这种交往非常有利于师生关系的建立和改善，也有利于老师修得一颗童心。

那么，幽默又该如何获得呢？这还真是一门技术活。说它技术活，是因为我认为幽默是可以刻意练就起来的。孩子们的笑点往往很低，要不了多少幽默细胞，就能把他们逗乐。觉得自己不够幽默的老师，可以平时多读一些相关的儿童幽默笑话类的书，也可以多听听孩子们所讲的一些笑话，积累一些幽默素材。然后在平时的工作中，有意识地把这些素材运用起来，用多了，自然能够让自己变得幽默一些。

以上文字，均为自己的一些感悟和经验，但愿能够帮助到大家，让每一位老师都能够成为孩子们喜欢的老师。

祝老师们工作愉快！

与大家同行之人　周国平

2017 年 4 月 10 日

如何让学生集中注意力

亲爱的老师们：

大家好！

我们都很关注学生的成绩，都希望自己所教的班级学生成绩优秀。为了这个目标，许多老师到临近期末，都会加班加点地给学生复习和补习，但是效果又如何呢？很少有人关注到如何让学生集中注意力，来提高学习效果。我偶尔在走廊上转转，发现许多学生上课时，根本不在一个频道上，而我们的老师又很少意识到这个问题。这样的教学效果是可想而知的。

今天，我们就一起来探讨"如何让学生集中注意力"这个话题。为了探讨这个问题，我特地翻开了苏霍姆林斯基的《给教师的建议》的第二十九条：怎样使学生注意力集中。书中有这样一段话："多年的学校工作经验告诉我，要能把握住儿童注意力，只有一条途径，就是要形成、确立并且保持儿童的这样一种内心状态——即情绪高涨、智力振奋的状态，使儿童体验到自己在追求真理，进行脑力活动的自豪感。"值得我们好好思考。

如何让学生都能保持这种内心状态呢？我有这样的经验，就是当讲课的老师所讲的内容，完全是我不知道的领域，而且经常出现一些新名词，听着，听着，就很容易走神。反之，老师所讲的内容，恰巧是我刚刚接触过的，就会立即来精神。当老师讲到某个词的时候，就会有一种"这个我知道"的感觉，也就是体验到了自己追求真理，进行脑力活动的自豪感。因此，想要让学生情绪高涨、智力振奋，就应该通过一些途径，比如阅读、看电影等，让学生对一些难以理解的课文，预先有所了解，建立一种"已知"的感觉。例如，教人教版五年级下册的《草船借箭》，如果学生看过《三国演义》的电视剧，那么他对课文中的主要人文就会了如指掌，对整个事件也很清楚，自然在上课时就会表现出积极的情绪和状态。数学更是如此，许多学生在数学课上就是鸭子听雷。因此想要提高学生成绩，就可以通过给他开小灶，让一些学习有困难的学生预先知道一些课程内容，帮助他们上课时能够听得懂。这样，他们的注意力就被集中在老师的教学上。当然其他学科也是一样的。

教师的语言风趣幽默，会使课堂变得轻松，让学生保持在情绪高涨的状态中。这一点在《让孩子爱上学习（4）》中已经提到，如何让自己变得幽默些，是需要老师们有心积累的。

教师的指名发言，也是有学问的。一个教师如果经常就让举手的同学发言，或者说只让几个优秀的学生发言，那么班级里许多学生会认为自己是多余的，不需要思考和参与了。

师范里有一位几何老师，现在我们同学聚集在一起，还会时常提起他。不是因为这个老师对我们好，而是这个老师上课的指名发言，让我们在上他的课时始终无法偷懒，甚至表现出紧张。一般老师都是提一个问题，看有没有人举手，有人举手就请举手的同学回答。而他不是这样的，他是看看手表今天几号了，如果是3号，那么他就会3号、13号、23号……一个个地叫过来，叫完了，或许就是3的倍数来叫了，总之，每一个人都很紧张，都在努力思考老师的提问。

另外，我看过一篇科研论文，体育锻炼有助于学生注意力的集中。这是陕西师范大学的一个团队，对西安市远东二中高一年级在校的十名学生进行为期八周的实验。实验表明，坚持运动和锻炼的学生，注意力集中的能力有明显提升。看来，想要学生集中注意力，我们还得多和学生一起做做运动呢！

只有学生注意力集中，听课才会有效果，学习成绩才会有提高。老师们，想办法让学生集中注意力吧！

祝大家愉快工作！

与大家同行之人　周国平

2017 年 4 月 25 日

期末到了，该如何复习

亲爱的老师们：

大家好！

时间过得真的很快，别样的开学典礼——魔术大师进校园，似乎才刚刚过去；火辣辣的太阳，又把期末送到眼前了。临近期末，许多老师又开始担心自己班级的学生考砸了。怎么办呢？本周，我想和大家交流我对期末前复习的一些看法。

我一直反对老师使用各种诸如《课时特训》《阳光课堂》"温州各地卷"等教辅资料。具体原因，我在《浙江教育报》和《温州教育》刊发的〈别让"各地卷"占领学生的期末〉一文中，已经做了详细的描述和说明。我想告诉大家，几乎全市的小学老师，都在做着同样的"各地卷"和《课时特训》，甚至，考最后一名的班级，和考最好一名的班级，可能用的是同一套教辅资料。

这样是不是可以理解为，影响成绩的并不是这些练习卷呢？那么，到底是什么原因让有的班级考得很好，有的班级考得很差呢？我觉得影响成绩的原因，有生源的差别，有校风的差别，也有教师的差别，可能还有其他差别。我想从教师本身来谈，我们是否可以静下心来思考一个问题：为什么我们的成绩考不好？今天来谈平时的教学和管理，已经没有任何意义了。我就想从如何复习的角度，去探寻一条适合大家去做的路子，让大家参考和选择。

首先，用好课本目录。

老师要对整本教材重新梳理，语文和英语哪些是需要背诵的段落、默写的单词；数学和科学哪些公式和概念，都可以在目录上进行标注，做到心中有数。然后教学生做上标注，帮助学生厘清全册教材中的知识点，让他们做到心中有底。同时根据目录，有计划地让学生完成一定量的复习，可以同伴互相协商监督完成。

其次，是否可以从课堂作业本出发？

我曾经对《课堂作业本》和其他教辅资料进行了对比，《课堂作业本》排版更加适合学生，字体大，间隔宽，留白多。这样的排版非常有利于复习。比如数学，是否可以让学生在错题旁，重新计算或者列式？科学是否可以让学生把填空题的概念，在旁边端正地抄写一次？从《课堂作业本》出发，可以让学生读一读、写一写，从现在开始，每天布置一点，一点一点地复习，让学生保持轻松的状态。学生最怕的是，一天四个学科一齐发试卷，让他们气都喘不过来，有的学生索性就不做了。

再者，要营造一种学习氛围。

一个班级学习氛围的好坏，直接影响着班级整体成绩。刚才讲到同伴协商监督，经常看到同桌你背我听，我报单词你来写，这就是一种很好的方法。我们还要努力营造整体的学习氛围，设计几次分类的过关考核，让学生在过关中掌握各类知识点；关注学生的课间动态，可以引导学生拿着书本走向教室外，如大树下、石桌边、休闲椅上等地方进行阅读和复习，让他们感受到学习的趣味。要知道这一切的习惯，都是需要老师去提醒和引导的。引导好了，班级的学习风气就变好了，成绩自然不会差。

最后，让评价发挥力量。

好学生是夸出来的，在期末复习阶段，不要放弃了"红黄蓝"评价，要充分利用这些卡去夸赞学生的努力，让学生感觉到身上有一股强劲的力量。我这里所说的评价还有一种，就是前面讲到的过关考核后的评价。学生在分类的过关考核中过关了，就别再布置相关知识的作业，他们可以去阅读，可以去做他们自己喜欢做的事情。这样的评价，让优秀的学生有更多时间自由地选择其他事，让后进学生产生羡慕之情，或许也会更加努力。

老师们，尤其是毕业班的老师们，我们一定要对复习有个清醒的认识和思考，不要扎堆地做试卷。模拟测试当然是需要的，但更需要我们有计划、有条理、有分类地复习，这才是真正为了提高成绩。如何复习，或许老师们还有更好的方法，也欢迎大家留言，让我们的复习更加有效，更加有意思！

祝大家轻轻松松、扎扎实实复习！

与大家同行之人　周国平

2017 年 5 月 30 日

如何给学生布置暑期作业

亲爱的老师们：

见信好！

让人期待的暑期在向我们召唤，大家可以像学生一样兴奋一下，让我们也返老还童一把。上周，我女儿冒出一句："爸爸，暑假马上就来了，可以让我休息六十二天的暑假就要来了，真是好期待啊！"

是的，放假对于学生而言，是多么开心的一件事。可是如何让孩子在假期里过得有意义一些，又是值得我们教育工作者去思考的话题。本周，我就试着来谈谈"如何给学生布置暑假作业"。

上学期的寒假作业，中国好老师公众号平台，展示了我校不一样的寒假作业——多样化阅读。最近，各大公众号又开始力推各种有趣的暑期作业。时下，不管是老师还是家长，都很重视暑假作业。和以往相比，如今不再特别关注抄抄写写，而更注重把实践性、趣味性融为一体。城市和乡村相比，又有所不一样。对于乡村的学生家长而言，他们意识中的作业就是抄抄写写。而对我们乡村老师来说，有义务通过新的作业内容与方式来引导和影响他们的思想意识。因此，我们有意识创造一些有趣而又有价值的作业，就显得特别重要。

一、习作＋实践

许多语文老师，都会布置 5 ～ 10 篇的暑期作文，但是往往只给学生布置数量，并没有给学生做更为详细的习作要求。这样的作文作业，学生往往不知道该写什么。怎么办呢？我们可以让习作与实践结合起来，让学生先有实践再去写作。比如，布置学生参观爸爸或者妈妈工作的地方，写一篇《爸爸或者妈妈的一天》；布置学会做一道菜，写一篇《学烧菜历险记》；布置让家长带你去一次图书馆，写一篇《跟我走访图书馆》；和科学老师联合布置一次科学实验，写一篇《一次有趣的科学实验》。

当然，类似这样的"习作＋实践"的创意还可以有很多。也可以让学生自我设计一个"习作＋实践"的创意。这样的作文布置，为学生提供了"巧妇之米"，让学生不再害怕作文。这样的形式，又让家长没有负担地参与了孩子的作业行为，增进亲子之间的情感。

不管是习作还是日记，我想都可以这样去布置，或许低段家长更愿意配合呢！开学后，还可以专门做一期图文并茂的作文集，每个孩子一本。

二、手机＋阅读

我们每一个学生都有一个温州市中小学生云图书馆的账号，大家可以让学生在假期里通过手机来阅读云图书馆里的书；观看电影和视频，引导学生知道手机不仅仅是玩游戏的工具，也是学习的工具。已经用手机录制故事的班级，可以继续通过录制故事来推动学生的阅读。其他班级可以模仿，也可以自己另外想出一个创意。比如，可以师生共读一本书，在微信群里进行打卡赢取阅读币，做一个阅读富豪榜。每天可能做不了，可以一周打卡一次，老师规定好每周读多少页，按时读完的可以加多少阅读币。

另外设置抽奖项目，让按时打卡的学生参与抽奖，奖项就是不同金额的阅读币。这样，通过微信群每周进行阅读富豪榜排行，激励学生阅读。此项活动可能不适合全班参与，但完全可以让一部分孩子先做起来。

三、作业＋比赛

暑期作业，没有老师的监督，再加上农村家长的陪伴意识薄弱，学生很少有认真书写的，有的甚至到了开学也没有完成。学生不急，家长不急，到时最急的又是我们老师。

我做了这样的一个设计：把全班分成若干组，比如优秀的一组、普通的一组、后进的一组，进行暑期作业评比，每一组可以评出几个优秀的，给他们发放奖品。奖品可以事先与家长沟通，我们只负责评选，奖品由家长提供但不告诉孩子，让孩子以为是学校奖励的。一个假期里，我们可以做两到三次这样的活动，学生通过微信上传作业照片，我们根据照片进行评比，在群里通知获奖名单，尽量让每一位学生都能获奖。另外，通过智能手机制作各种作业展览页面，发到家长微信群。这样有比赛，有展览，让学生看到自己努力的结果，或许能起到作用。

这个设计可能有点麻烦，有心的老师可能还有更多有趣的设计，总之要通过一定的手段让学生认真地完成暑假作业。

四、视频+背诵

数学对于很多同学来说是有点害怕的。老师可以事先布置难题给一些学生，让这些学生回家尝试去做，做好了拍图交给老师批改，然后该学生通过手机拍摄正确解答视频或者解答步骤图文，发送到微信群供其他同学学习。

有了这样的互动，或许学生做作业也会更加有兴趣一些。任何一种语言的习得都要大量的积累。农村学生除了在学校学点英语外，很难有机会在其他时间段接触到英语。一个暑假，会很快把学过的句型、单词忘得一干二净。那么利用教材，布置教材中的典型对话，让学生背诵。也可以让一部分学生拍摄正确的朗读视频，发到微信群让其他同学学习和背诵。这样解决了学生在家不会读，又没有人指导的问题，还可以提高学生学习的趣味性。

老师们，以上作业设计仅供大家参考，我相信你们会有更好的创意设计。但是不管怎样，最重要的是设计好后，要有执行。

愿老师都有创意地布置有意义的暑假作业。

祝大家工作愉快！

与大家同行之人　周国平

2017 年 6 月 26 日

课堂评价语从模仿开始

亲爱的老师们：

　　大家好！

　　今天和大家探讨的话题——用好课堂评价语。

　　我们听全国知名特级教师的课，总有一种艺术享受的感觉，总会忘记了时间，甚至忘记这是一堂课。但每一次欣赏完这种课，自己会有什么收获呢？每一个人选择的方向不一样，所获得的东西也有所不同。我曾经关注过他们上课的语言，尤其是他们课堂上的那些评价语，或幽默，或机智，或鼓舞人，让学生如沐浴在春风之中，以至于在场的听课者和学生都舍不得下课。

　　反观我们自己及身边老师的课堂，许多老师的语言干瘪无味，每堂课都是说着一样的话语，学生很难感受到教师的语言魅力，听课者也享受不到课堂之美。这样的课堂，学生兴趣自然不大，心不在焉者自然就多。

　　那么，教师如何丰富自己的语言，如何改变自己的言语习惯呢？我觉得，我们不妨从模仿开始。

　　如语文特级教师窦桂梅老师在上《晏子使楚》一课时，评价一位学生的回答："你的回答就是与众不同，别人想到楚王的无礼、傲慢，你则想到楚王的可爱。了不起！"看到这一条评价语，我们就可以在很多时候模仿使用了。比如语文课上，我们可以这样评价："这位同学的朗读就是与众不同，读出了作者的心理，真是了不起！"美术课上，我们也可以这样评价："你画的这幅画就是与众不同，让人看了还想看，真是了不起！"

　　不要觉得模仿不可取，许多名师的成长，也都是先从模仿大师开始的，模仿他们的语言，甚至模仿他们的动作。当然，想要成为大师，最终还是要回归自己，成为自己。尤其是大家的教龄都不长，还没有自己的教学主见，还不能形成自己的教学风格。最快捷的成长方式，我认为就是模仿。当然，我们是把模仿当作学习，把模仿当作刻意练习。久而久之，将所模仿的语言内化为自己的语言时，课堂也许就会漂亮起来。

要想让自己的评价语言丰富起来，是需要下大功夫的，也就是需要勤积累，常使用。

网络时代的今天，获取信息变得如此便捷，大家可以上网搜寻自己喜欢的特级教师的视频和教学实录，用心去整理出他的课堂评价语言，或者摘录在自己的专用笔记本上，或者有意识地写入自己的教案中，或者写在教科书上，时时提醒自己刻意模仿练习。有心者，可以用手机录下自己的上课过程，让自己看看是否有将摘录的评价语使用到课堂中了，使用频率是否让自己满意。也可以过一段时间，再给自己拍一节课，看看是否与之前有所不一样。

还要关注自己本学科的教学杂志，因为几乎每一期都会有许多教学课堂实录。这是我们学习评价语言的最好载体，在课余时，应该养成翻阅的习惯。当遇见自己喜欢的评价语，可以随时摘录在自己的笔记本上。

另外，平时的听课活动要学会记录全过程。我发现许多老师的听课本上就寥寥数语，记录了一个框架。我觉得年轻的老师听课时，应该要尽量把全过程记录下来，包括教师的语言、学生的回答，都应该是我们记录的对象。只有这样的详实记录，我们才会关注师生的对话，才会关注教师的评价语。这样，一堂课下来，不仅收获了教师的语言，还锻炼了自己的笔记能力。

总之，这种模仿练习就是需要刻意，需要强迫自己做自己不喜欢做的事。

老师们，一个人的意识决定他的行动。如果你认可模仿就是一种学习，那么这种模仿一定会给你带来更多的惊喜。愿大家都能拥有丰富的评价语言，让自己的课堂变得更精彩！

祝大家工作顺利，心情愉快！

与大家同行之人　周国平

2018 年 3 月 14 日

好的评价语是怎样的

亲爱的老师们：

见信好！

上周的话题是"课堂评价语从模仿开始"，引发了老师们的思考。最近恰逢两位老师要开市级公开课，她们对此就有更多的体会：我们太缺乏语言了，好像上课除了会说"真好"或者"真棒"之外，就再也没有其他言语可用了。

戴晓珍老师在博客上专门写了一篇文章——《课堂内外都要评价》，写出了课堂评价语的作用，道出了课后也需要评价语，表明了自己在今后的工作中要"多积累，多学习"的态度。

听到这些，看到这些，我觉得这封信还是有点价值的。本周欲从评价语的类型或者特点，和大家继续探讨这个话题，谈谈好的评价语究竟是怎样的，希望能够对大家有所帮助。

首先，好的评价语一定是引导学生积极向上的。不管是学生做出不好的行为，还是优异的表现，我们对学生的评价一定是引导积极向上的，而不是挖苦和嘲讽。平时，相对而言，我们对于优秀学生的表扬，会经常挂在嘴边，甚至有言过其实的夸奖，而后进的学生很容易被我们忽视。甚至，有的老师会管不住自己的嘴巴，各种不堪入耳的言语会随口而出。

两年前，我参加一个培训时曾遇见这样一件事：一位白发苍苍、身材魁梧的北方男教师，站在台上讲述自己年轻的时候，曾经这样批评过一个学生："就你爸这样，难怪生下你这样的儿子，脑子比猪还笨。"（原话已经记不得了，意思大概是这样）多年过去了，这位老师一直没能再见到这位学生，但是老师心里一直想跟他道个歉。直到有一天，这个班级开同学会，这位老师被邀请去参加。他坐在教室里，看着同学们一个个进进出出，到最后也没有看见"猪脑袋"

的学生。他轻声地问了问边上的同学，得知那位被他批评过的学生，已经离开人世了。

讲述到这，台上这位老者已经泣不成声。他一边抽泣，一边告诉我们要善待学生。

听了他的故事，我也想起自己曾经的过失，现在已经无法挽回。但告诫自己从今往后对于学生的评价，千万要记住：一定要引导积极向上。

其次，好的评价语一定是直指某个具体表现的。我们经常听见老师们在表扬学生时，一味地说："你读得真好！""你说得真棒！"但是这样的评价语言对发言者而言，每次听到的都是这句话，他也觉得没什么可稀罕的；而对于其他学生而言，根本不知道到底哪里算是读得好、说得棒的，没有起到示范和指导的作用。如果改成这样评价也许就不一样："这位同学把这几个字读成了重音，还把速度加快了，让人一听就有身临其境的感觉，你读得太好了！"再如："你用了一个关联词，就把作者想表达的意思，给说清楚了。"

显而易见，这两种评价语所带给学生的感受是不一样的，而课堂的教学效果也是不一样的。

最后，好的评价语应该是风趣幽默的。苏联教育家斯维特洛夫说："教育最主要的也是第一位的助手，就是幽默。"我们听特级教师的课，无论是学生还是听课的老师，经常会情不自禁地发出笑声，在这样的课堂里是很轻松的，不会昏昏欲睡。这样的课堂效果自然就好很多。而在我们自己的课堂里，经常可以看见学生不专心，我们还责怪学生不听话。静心想想，那不是学生不听话，而是我们没有幽默细胞，抓不住学生的心。

语文大师于永正先生教学《草》时，指导学生背诵是这样幽默的：

师：谁愿意回家把这首诗背给哥哥听，现在我就是你们的哥哥。

生：哥哥，今天我们学了一首诗，想背给你听。

师：什么诗？

生：《草》。

师：哦，这首我也学过，它是唐朝诗人李白写的。

生：错了，错了，是白居易。

师：反正都有个白字，（众笑）我背给你听吧，"离离原上草，一岁——"

生：一岁一枯荣。

师：野火烧不尽，春……春……哎，最后一句春什么来着？

生：春风吹又生。

看了这样一个小环节，我们就可以想象得出，课堂是多么活跃、多么愉快，哪个学生会不喜欢上课呢？有老师说，幽默是一个人的个性，我没有幽默细胞。其实不然，幽默也是可以学一学的，还是上一封信一样，首先从模仿开始。

当然，好的评价语还可以更加丰富多彩，请老师们自己在实践中慢慢琢磨和积累。我就暂且谈到这里吧！希望能够给到大家一些启发。

祝大家工作愉快！

与大家同行之人　周国平

2018 年 3 月 20 日

写在期末复习前

亲爱的老师们：

大家好！

每年一到学期结束时，大家都会感觉到时间过得真快，想必今年大家的感觉更是如此。好像每一年的期末，我都会给大家写一写关于复习的事情。今年又谈复习，我能提供什么样的建议和信息呢？

首先，肯定要说的是，大家不能为了成绩而"不择手段"。这里的"不择手段"我已经多次强调过，这里不再做详细解释。因为与大家相处四年了，大家很清楚我们对考试所持的观点，或者说是一种底线。

读完一本书，我们重新回过头来看看目录，看看曾经在书中画线、批注过的地方，我们便对这本书有了更清晰和系统的认识，更能够明白作者所要表达的思想和内容。复习就像是读完一本书后的回顾，它能够帮助学生梳理本学期所学的内容，厘清本学期重点的知识点，从而加深印象和体悟。它意味着这一个阶段的结束，也意味下一个阶段的开始。因此，这种整理并非只是为了考试，而是学习过程的一个中间结束点。

那么，我们在复习期间，又可以做哪些事情呢？

复习，从最直观的角度来讲，就是为了答好期末试卷。从教学管理的角度来讲，也就是倒过来说，考试是为了让我们更有目的地去复习。不管怎样，复习和考试，是密不可分的。既然如此，我们就应该好好面对考试，从以往的试卷中，寻找出有规律的东西。

这个月，我接手了四年级两个班的数学课，接下来也要面临复习。虽然我不是数学专业的老师，根本就没有学科经验可以谈论，只是想拿出我的做法，与大家交流分享。我找来了本市前面两年的期末试卷，结合课堂作业本、数学书和一套课外练习，进行了一次对比。

我发现数学题型和顺序都是非常类似的。比如最后一题都是"复式条形统计图"，第三版的第一题都是"画图"，而且一定是画三角形的高。再拿几样材料一对比，又发现课外练习的期末卷，难度要高于本市的期末卷。如版面3第一题，本市期末卷画图的要求只需要画三角形的高和对称图以及它移动后的位置；而课外练习中，还添加了"画出立体图形从前面、上面和左面看到的形状"一题，明显增加了难度。

于是，我开始准备我的复习计划：打算经历一次模拟考，用去年的卷子来考学生，"淘汰"掉一部分优秀生，我与学生约定好只要这次考到93分以上的同学，复习期间免做数学作业。而93分以下的同学，则要在学习共同体中，进行有针对性的复习。淘汰掉的优秀生，当然不会闲着，他们也要提高，只不过不是通过做题，而是"说题"，让其他同学听得明白，让自己提高表达的能力。

当然，接下来要做的就是通过考试，找出一些共性的题型、"同病相怜"的学生，然后才是复习。

我这样想，不知道操作起来会是什么样的效果，但是很重要的一点，就是在复习前我有思考，而不是准备一大堆的试卷。我们通过分析，会很清楚地知道，有些题目，有些学生是没有必要做的。比如，数学的附加题，我在四（2）班上《鸡兔同笼》一课时就深有体会，你让一些学生做多少遍都是没有用的，因为他根本读不懂题目。而解决这个问题，根本就不是数学的问题。这样的分析，就是让我们更加清晰自己在做什么，为什么这么做。

做一个会思考的老师真的非常重要！

每一个学期期末，我都会谈谈怎么复习，好像每一次谈的内容都是不一样的，这也是思考的结果。老师们，马上就要复习了，好好分析一下试卷，分析一下我们的学生，或许你的复习方式就会有所改变。

希望不要再出现各个学科老师争着"跳楼"的现象！

祝愿开心复习！

与大家同行之人　周国平

2019 年 6 月 11 日

创意是怎么来的（上）

亲爱的老师们：

大家好！

终于盼到了"开学"的消息，再过两个星期我们就要准备返校上课了。为什么要给"开学"二字加上引号呢？其实，我们早就开学了，只不过是换一种形式而已。

我们的教师会都已经开到第六次，教研组长会议、教研组线上研讨活动等都在正常开展。而且，老师们反响都还不错，语文组的老师甚至觉得比在学校的效果还要好。为了让老师们能够在教师会上学有所获，又要让大家觉得好玩有趣，我又一次对会议进行了转型。

上周值班时，与几位老师聊到"如何让自己的工作变得有创意一点"的话题。我对他们说："你们看，开了五次的网络会议，是不是有点腻了？"我想大家一定和他们几个是一样的想法，都觉得一直都是这个套路，再也没有新鲜感了。"当你们有一点腻的时候，我已经开始变换频道了。下个星期的会议，会给到大家不一样的感受。"我接着又说。

今天的会议，我们邀请了郑继学老师来分享《论语》。果然给大家带来全新的体验，甚至让老师觉得仿佛就在观看央视的百家讲坛。后来的"简说清明"栏目，一改原有的"绘本故事"，让戴晓珍和潘丰洁两位黄金搭档出场，又给我们带来不少惊喜！

那么，这些创意是怎么来的呢？

首先，有些创意来自懒惰。今天会议结束时，我特地抛了一个问题，大家猜猜我为什么邀请两位老师来"简说清明"？因为清明节，我想给大家找寻一组清明主题的古诗文。然后，自己在准备的过程中，或许是颈椎的问题，感觉很不舒服无法继续。于是，就想到了让两位语文老师帮忙解读。这样一来可以减轻我的负担，二来可以让二位得到锻炼和学习，一举两得。

在教育教学中，大家应该有过自己偷一点懒，反而让学生得到更多锻炼的体验。所以说，有的创意就是因为偷懒，然后才会想办法想出更好的招数。

其次，有些创意来自有所牵挂。多年前，我听过窦桂梅老师的一场演讲。她说工作和生活的关系是无法区分清楚的，两者经常是交互缠绕在一起。对此，我深有体会，生活中的许多事情，我都会与工作产生联系。不管旅游还是出差，看到的各种东西都会联想到学校工作。

这也就是跨界思维。想要让自己的工作变得有创意一些，就不能工作是工作，生活是生活。还有人经常声称：不能把工作带回家。如果如此界限分明，我们就是看到有趣的东西，也不能与工作联系起来。

只有有所牵挂，心里装着工作，遇到一些有趣的事情，就会自然而然地联想起来。创意，也就随之而来。

然后，有些创意来自多读多看。我不止一次地说过，我们所遇到的事，前人一定遇到过，而且别人已经写成经验出版了。我们多阅读，就容易少走歪路，就会多一些方法。当我们遇到问题时，首先学习他人的经验，来试试这也是一种创新。在学习的过程中，一定会有自己的想法，自然就成为自己的主意。

同事之间，也要多分享，多学习。很多点子就是在你一言我一语的对话中产生的。因此，办公室要经常谈论工作中遇到的问题，让大家都动起来。有道是：三个臭皮匠，顶个诸葛亮。

如此，读多了，看多了，创意也就越来越多。长此以往，我们的大脑就会被创意驱动起来，变得更加富有创意。

把工作变得有创意一些，看来也不是一件很难的事情。

祝大家一周愉快！

与大家同行之人　周国平

2020 年 4 月 6 日

创意是怎么来的（下）

亲爱的老师们：

大家好！

上周跟大家谈到了"创意是怎么来的"话题。我从主观的角度谈到了创意来源于"懒惰"、"有所牵挂"和"多读多看"三个方面。不知道大家看了有没有一点启发？

这周，我想从客观的角度来谈谈创意的来源。

因为疫情影响，直播成了时下最热门的话题，因此 2020 年被称为全民直播元年。也因为全民的直播，让许多直播平台有了大展宏图的空间。大家知道，我们的网络直播会议成了一道精神大餐。还有我们的网络学习共同体，因此而诞生。如果没有疫情的影响，我们就不会安排这样的学习和会议形式。

因此，我认为创意的第一个来源，就是意外事件的发生。因为意外事件，我们需要寻求办法去解决，这就促使我们思考，形成我们的教育创意。

空中课堂的突然停止，还有离开学一段时间空白。对于我们来说，也算是意外事件。那么，我们能不能在这期间，进行一些创意尝试呢？我们推出的清单式的学习方案，应该就是一个很好的创新尝试。

第二个来源，我觉得是对传统文化的重新思考。一所学校有自己的传统文化，一个小镇有自己的传统习俗。这些文化和习俗，往往也是我们产生创意的来源。

2020 年元旦的巡街展演活动，就是一个从传统文化而来的创意。大家都知道，这个活动是从学校所在地"拦街福"的文化习俗中演变而来的。另外，我们学校的书信文化，是不是可以运用到德育和作文教学中去呢？答案是肯定的，而且已经有人在这方面进行尝试，效果也不错。

第三个来源，我觉得可以是其他行业的行为。其实，就是跨界思维。虽然有说隔行如隔山，但是在山头上互相看看，还是同一片天空。同一片天空下，有许多事情是相通的。我们完全可以从其他行业中，吸取他们的优秀经验，成为我们的教学和管理创意。

近几年，央视的诗词大会很火热，许多学校也相继模仿开展了校园版的诗词大会。虽然是模仿，但也是创新。不同行业互学互看，彼此都会有收获。与其他一些行业人士聊天，他们偶尔也能从我们的做法中，得到一些灵感。

第四个来源，我觉得可以是新事物的产生。10 年前，还很少有人知道"绘本"。其实，这之前已经有大量的绘本，而且有人开始扎根下去研究绘本的教学。有一部分老师就在传统教学中加入绘本因素，于是就有了绘本作文教学、绘本口语交际、读写绘等许多教学创意。

劳动教育虽然不是新事物，但是如今被提到一个新高度，对于很多人来说，也相当于是新事物。我们在教育教学中，就可以加入劳动教育的因素，也就可以形成自己的劳动教育特色。如果把劳动教育和作文教学结合起来，就是一种作文教学创意。如果把劳动教育和其他学科结合起来，就可以是一次主题式学习，就是创新型的劳动教育。

教育创意的来源一定不止这四个方面。不管怎么样，我们想要有创意，就得从客观条件和现实出发，以主观的创新态度，从细节着手，一点点地去改变。

教育创意其实没有那么难，我们每一个人都可以发现和发明，并创造创意！

祝大家一周愉快！

与大家同行之人　周国平

2020 年 4 月 12 日